El antiguo

Guía de los misteriosos egipcios: Amón-Ra, Osiris, Anubis, Horus y más (Libro para jóvenes lectores y estudiantes)

Por Student Press Books

Índice de contenidos

Introducción

Conoce a los antiguos dioses de Egipto - Mitología para mayores de 12 años.

Bienvenido a la serie Mitología cautivadora. Este libro te presenta a los dioses y diosas de Egipto y otras criaturas mitológicas del antiguo Egipto; presenta los perfiles de los dioses más comunes de las antiguas tierras de las esfinges y los faraones.

No es fácil ser un dios. En un momento estás haciendo que el mundo exista, y al siguiente, has perdido todo tu poder. Era duro ser faraón, decidir si mantener a todos esos esclavos trabajando o no cuando podían tomarse un descanso y un café parecía una eternidad. Pero tal vez por eso inventaron esa cosita llamada "religión".

Adéntrate en el antiguo mundo de la mitología egipcia. Este libro contiene todo lo que necesitas saber sobre estos fascinantes seres mitológicos, desde sus extrañas representaciones en el arte hasta lo que realmente hacían y simbolizaban. El libro está salpicado de divertidas ilustraciones de las deidades egipcias, raramente heroicas, pero siempre intrigantes.

Viaja por el Nilo y descubre estas antiguas, pero esquivas, criaturas. ¿Quiénes son? ¿Qué sabemos de sus historias? ¿Cómo influyó su cultura en la de la antigua Grecia? Aprende todo esto y mucho más con tu propio ejemplar del Antiguo Egipto. Descubre por qué Isis es a la vez protectora y destructora; la relación de Hathor con las vacas; qué tenía de especial Sobek, el Ojo de Ra, y mucho más: hay mucho que aprender. ¡Consigue tu copia ahora!

Este libro de la serie Mitología cautivadora abarca:

- Fascinantes biografías de los dioses egipcios: Lee sobre estos dioses y diosas y sus poderes.
- Retratos vívidos: Haz que estos dioses cobren vida en tu imaginación con la ayuda de estimulantes imágenes.

Sobre la serie: La serie Mitología cautivadora de **Student Press Books** presenta nuevas perspectivas sobre los dioses antiguos que inspirarán a los jóvenes lectores a considerar su lugar en la sociedad y a aprender sobre la historia.

Tu regalo

Tienes un libro en tus manos.

No es un libro cualquiera, es un libro de Student Press Books. Escribimos sobre héroes negros, mujeres empoderadas, mitología, filosofía, historia y otros temas interesantes.

Ya que has comprado un libro, queremos que tengas otro gratis.

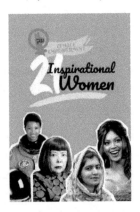

Todo lo que necesita es una dirección de correo electrónico y la posibilidad de suscribirse a nuestro boletín (lo que significa que puede darse de baja en cualquier momento).

¿A qué espera? Suscríbase hoy mismo y reclame su libro gratuito al instante. Todo lo que tiene que hacer es visitar el siguiente enlace e introducir su dirección de correo electrónico. Se le enviará el enlace para descargar la versión en PDF del libro inmediatamente para que pueda leerlo sin conexión en cualquier momento.

Y no te preocupes: no hay trampas ni cargos ocultos; sólo un regalo a la vieja usanza por parte de Student Press Books.

Visite este enlace ahora mismo y suscríbase para recibir un ejemplar gratuito de uno de nuestros libros.

Link: https://campsite.bio/studentpressbooks

Dioses masculinos

Amon

También se escribe Amón, Amen, Amón, Aman o Hammon.

Dios del aliento de vida que anima a todos los seres vivos, así como del espíritu que impregna todo objeto inanimado

Los griegos, que lo llamaban Amón, identificaban a Amón-Re con su dios principal, Zeus, y equiparaban el mayal de Min-Amón con el rayo de Zeus. Los romanos trasladaron esta identificación a su deidad principal, Júpiter.

En la religión y mitología del antiguo Egipto, Amón era un dios cuyo nombre significa "lo que está oculto", "lo que no se ve" o "lo que no puede verse". Originalmente asociado a la ciudad de Tebas, Amón se unió más tarde al dios del sol Re (o Ra) como Amón-Re, rey de los dioses.

Como tal, Amón alcanzó una posición de supremacía en el panteón egipcio y llegó a ser considerado como uno de los creadores del universo. Era el esposo de la diosa Mut y padre del dios Khons; juntos eran conocidos como la Tríada de Tebas. Aunque desconocido e invisible, se pensaba que Amón caracterizaba una gran generosidad e influencia universal.

Como Amón era invisible y estaba asociado con el aire y con el aliento de la vida en todas partes, los egipcios creían que la presencia de Amón podía percibirse en las ráfagas de viento y en los banderines que los sacerdotes fijaban en los pilones de los templos.

Como dios "oculto", la verdadera forma de Amón no podía conocerse, pero en el arte egipcio antiguo se le representaba con una profusión de formas. Amón suele ser representado como un hombre barbudo con un tocado de dos altos penachos, coloreados en secciones alternas de rojo y verde o rojo y azul.

Alrededor del cuello de Amon lleva un amplio collar de intrincado diseño, y a menudo lleva también brazaletes y pulseras. Las correas de los hombros están unidas a su túnica. La cola de un animal, posiblemente un león o un toro, cuelga de la parte posterior de su túnica, un signo de su antigüedad. En su mano derecha sostiene el anj, símbolo de la vida, y en la izquierda el cetro, símbolo del poder. A veces, Amón está sentado en un trono.

El compuesto Amon-Re se muestra a menudo con cuerpo humano y cabeza de halcón. Sobre la cabeza de halcón está el disco solar rodeado por una serpiente (uraeus). Como los habitantes de las distintas zonas religiosas a lo largo del río Nilo consideraban que diferentes animales eran los más sagrados, Amón-Re se asociaba con ese animal; por ello, a veces también se le muestra como un simio, un león, un ganso o un cocodrilo, dependiendo de la ubicación. En una forma tardía, se le representa con la cabeza de un carnero.

Amón y su homóloga femenina, Amaunet (Amunet o Ament), formaban una pareja de los ocho antiguos dioses y diosas de la creación (llamados juntos la Ogdoad) de Hermópolis. Cuando se muestra a Amón junto a Amaunet, se le suele representar con cabeza de rana y a ella con cabeza de serpiente. Cuando se representa a Amón con el uraeus, Amaunet tiene cabeza de gato.

Amón también se fusionaba a veces con el dios Min (Amsu) como Min-Amón, y entonces se le muestra con el mayal simbólico sobre su brazo levantado. Como Min-Amón simbolizaba el poder creativo y generativo de la sexualidad masculina.

En la época dinástica tardía, sobre todo en el periodo ptolemaico, se crearon figuras de Amón-Re en bronce que incorporaban todos los atributos importantes del dios. En estas figuras tiene la cabeza de un hombre con barba, el cuerpo de un escarabajo, las alas de un halcón, las piernas de un hombre con los dedos y las garras de un león, cuatro brazos y cuatro alas. El disco solar descansa sobre los cuernos de carnero que hay sobre él, y se añade al diseño una cobra con cabeza de león.

Se cree que Amón es de origen muy antiguo, posiblemente incluso predinástico, quizá como dios de la agricultura, una deidad local cuyo culto se centraba en la ciudad de Tebas. Durante la XII dinastía se construyó un santuario a Amón en el Apt, el barrio norte de Tebas.

El estatus de Amón como dios aumentó junto con la fortuna política de su ciudad natal. Rápidamente, en el espacio de unos cien años, Amón pasó de deidad local a creador del universo, mientras los príncipes tebanos ganaban soberanía. Tebas se convirtió en la capital de todo Egipto y el hogar de los faraones del Nuevo Reino.

Posiblemente para evitar rivalidades teológicas o para superarlas, los sacerdotes de Tebas declararon que Amón era uno con el popular y ampliamente adorado dios creador del sol Re, llamándolo Amón-Re. En esta forma se le consideraba ahora rey de los dioses, deidad suprema de Egipto, fuente de toda la vida en el cielo, la tierra y el inframundo.

Amón se convirtió en la deidad tutelar de los faraones de la XVIII dinastía, y el faraón gobernante era considerado el dios encarnado. El poder y la fuerza de Amón-Re se describen en muchos himnos egipcios de alabanza, como por ejemplo en el Papiro de Hu-nefer.

Se construyeron grandes templos en su nombre en Luxor y Karnak. También aparecieron centros de su culto en Hermonthis, Coptos, Panópolis, Hermópolis Magna, Menfis, Sais, Heliópolis y Mendes, y el dios fue adorado en las dependencias egipcias de Siria, Nubia y otros lugares. Sólo el dios de los muertos, Osiris, rivalizaba con él en el culto popular.

Cuando los sacerdotes de Amón-Re se volvieron inmensamente ricos y poderosos, declararon a Amón-Re el "Único", que no tenía "ningún segundo". De hecho, Amón-Re comenzó a absorber las características de todos los dioses, supuestamente unificándolos y personificándolos a todos.

El egiptólogo Lewis Spence consideró que se trataba de uno de los intentos más serios de la antigüedad por formular un sistema de monoteísmo. Al final de la dinastía ramésida, el propio cargo de faraón fue conferido al sumo sacerdote de Amón-Re, y la 21ª dinastía se conoce como la dinastía de los reyes-sacerdotes.

En la ciudad libia de Siwa se encontraba un santuario y oráculo de Júpiter-Amón. Según el historiador griego Heródoto, este oráculo había sido fundado por una sacerdotisa tebana de Amón-Re que había sido secuestrada por los fenicios y vendida en Libia.

El oráculo fue famoso y muy visitado en la época clásica, consultado por personajes históricos como los líderes militares Lisandro, Aníbal y Alejandro Magno, este último pidió al oráculo que le dijera si era hijo del propio dios.

Preguntas de investigación

1. ¿Qué opinas de los antiguos dioses egipcios?
2. ¿Cuál de los dioses egipcios te ha asustado o impresionado más?
3. ¿Cuáles son sus mitos egipcios favoritos?

Aton

También se escribe Aten.

El Aton es el disco del sol

Tradicionalmente, el disco solar se adoraba sólo como un aspecto del dios del sol Re. Durante el reinado del controvertido faraón de la dinastía XVIII, Akenatón (también llamado Ikhnatón, también llamado Amenhotep IV; gobernó entre 1353 y 36 a.C.), el disco solar, que anteriormente se consideraba la morada del dios del sol Re en su viaje por el cielo, se convirtió en el objeto de culto en sí mismo, significando la síntesis del dios del sol y su disco brillante, visible para todos. Akenatón también persiguió a los sacerdotes de Amón, dios de Tebas.

La religión de Atón se considera el primer ejemplo histórico conocido de monoteísmo. El documento más importante que se conserva de esta religión es el Himno de Atón, que se inscribió en varias versiones en las tumbas. Al igual que otros himnos de su época, el texto se centra en el mundo de la naturaleza y en la provisión benéfica del dios para el mismo.

Aunque la naturaleza exacta del culto a Atón sigue siendo confusa, durante la época de Akenatón se convirtió en la religión oficial, centrada en la nueva capital de Akenatón, Akhetaton ("Horizonte de Atón"), o Tell el-Amarna.

Los dioses egipcios solían representarse simbólicamente con forma humana y con cabeza humana o animal, pero no se antropomorfizaba a Atón de la misma manera. Más bien, se le mostraba sólo como el disco del sol, con líneas de rayos que emanaban hacia abajo desde él; los rayos terminaban en manos humanas, que a veces sostenían el ankh, el símbolo de la vida.

No se contaban mitos ni historias atractivas sobre el dios, pero en el arte también se asocia a este periodo un movimiento estético definido. Una vez finalizado el reinado de Akenatón, la nueva religión de Atón fue considerada una herejía, y se produjo un brusco retorno a la creencia en Amón-Re y al panteón egipcio tradicional, aunque sobrevivió un santuario a Atón en la ciudad de Heliópolis .

Preguntas de investigación

1. ¿Qué criaturas mitológicas se originaron en el antiguo Egipto?
2. ¿Qué es lo más divertido que has oído sobre un dios egipcio?
3. ¿Qué cree que es lo más importante que hay que recordar al estudiar la historia y la cultura del antiguo Egipto, teniendo en cuenta que todas sus deidades y costumbres funerarias estaban tan estrechamente relacionadas entre sí?

Atum

También llamado Atem, Atmu, Tem o Temu.

Una deidad solar predinástica se asocia con el atardecer o con la puesta de sol

A Atum se le atribuye ser el padre de los gemelos Shu y Tefnut. Era un dios local de la ciudad de Heliópolis que se fusionó con la poderosa deidad solar Re en un compuesto llamado Re-Atum. Según la colección de textos mortuorios Libro de los Muertos, la manifestación física de Re-Atum era el sol cuando descendía en el cielo, como el dios Khepri era el sol cuando ascendía, y el propio Re era el sol en su cúspide, al mediodía.

La revisión tebana del Libro de los Muertos también vinculó a Atum con Osiris y los retrató como dioses cuyos cuerpos nunca experimentaron decadencia física.

Atum solía ser representado como un rey, con las coronas del Alto y Bajo Egipto y portando un ankh, símbolo de la vida, y un cetro, símbolo del poder. Atum, uno de los dioses más antiguos adorados en Egipto, ocupaba un lugar importante en la mitología egipcia como creador de los demás dioses.

Como forma de Re, Atum se creó a sí mismo a partir de las aguas primigenias del caos, llamadas Nun. Luego dio a luz a Shu y Tefnut a partir de su semen o escupiéndolos de su propio cuerpo. En otra versión de este mito de la creación, Atum y la diosa de la fertilidad con cabeza de vaca Hathor fueron los padres de Shu y Tefnut. En épocas posteriores, se creía que Atum tenía una contraparte femenina, Temt (también escrito Temit).

En un mito egipcio, Atum provocó un gran diluvio que cubrió toda la tierra y destruyó a toda la humanidad excepto a los que permanecieron en su barca. Era una historia de diluvio con similitudes al relato bíblico de Noé y el Arca.

Preguntas de investigación

1. En un día normal, ¿qué dios del antiguo Egipto te gustaría más adoptar la forma de?
2. ¿A qué dios egipcio te pareces más?
3. ¿Quién tiene el mejor peinado de todos los dioses egipcios?

Hapi

También se escribe Hapy o Hap.

El dios del río Nilo

Hapi solía ser representado como un anciano gordo con pechos colgantes de mujer que simbolizaban la fertilidad del río. Llevaba una corona de plantas de papiro y loto, símbolos del Sur y el Norte, o llevaba el papiro y el loto en sus brazos, mostrando que el río era el vínculo entre el Alto y el Bajo Egipto.

Como personificación del Nilo, Hapi era un aspecto de Nun, las abismales aguas primigenias de las que surgían todas las cosas, incluido el gran dios solar Re. Se creía que el Nilo formaba parte de una corriente celestial que rodeaba la tierra; la barca de Re navegaba por esa corriente cada día.

A nivel práctico, el Nilo era una fuente continua de sustento para los egipcios, que dependían del agua vivificante de sus crecidas periódicas para sus cultivos. Debido al papel central del Nilo en la vida del antiguo Egipto, Hapi ocupaba un lugar único y adquiría una importancia especial en la religión egipcia, aunque no era un dios santificado en ninguno de los sistemas teológicos sacerdotales egipcios.

En la época dinástica tardía (664-332 a.C.), Hapi pasó a ser considerado el creador de todas las cosas, y a esta deidad se le dedicaban himnos que alababan al dios por su importancia vital para todo lo que vivía.

Preguntas de investigación

---

1. ¿Cree que ciertos dioses practican el engaño y la superchería con demasiada frecuencia para su propio bien?
2. ¿Qué responsabilidad tiene el ser humano cuando se encuentra en una posición en la que debe comunicarse con los dioses egipcios?
3. ¿Por qué (algunos) dioses egipcios se pelean siempre entre sí?

Horus

Horus era el nombre latino del Heru egipcio.

El dios del cielo con cabeza de halcón, hijo de Osiris e Isis

Horus comprendía muchos aspectos como deidad central del panteón egipcio. El culto a Horus se originó en la época predinástica y se extendió y consolidó por todo el antiguo Egipto. Horus también se amalgamaba a menudo con una o dos deidades más. En la época romana, Horus y su madre, Isis, eran adorados juntos.

Isis, Osiris, Neftis y Seth eran los cuatro hijos de la diosa del cielo Nut y del dios de la tierra Geb. Según el mito más extendido sobre el nacimiento de Horus, éste era hijo de Isis y Osiris. Isis lo concibió por arte de magia después de que su hermano y su marido Osiris fueran asesinados por el malvado Seth.

Isis se escondió en los pantanos del delta del río Nilo y dio a luz a Horus. Lo crió en secreto para evitar que Seth lo encontrara y le hiciera daño.

Cuando creció, Horus desafió a su tío Seth a un combate para vengar la muerte de su padre. Este combate se ha interpretado a veces como una batalla entre el espíritu de la luz, personificado como Horus, y el espíritu de la oscuridad, personificado como Seth. También se considera una lucha por la sucesión a la realeza, ya que Horus, hijo del rey legítimo, desafió la pretensión de su tío al trono. Históricamente, el símbolo de la realeza era el halcón, y el nombre de Horus estaba vinculado al rey como primer título de su nombre real en la época predinástica tardía.

En su batalla, Horus perdió un ojo. Seth también resultó herido, y los dioses lo juzgaron perdedor de la batalla. En varias versiones, Seth fue obligado a devolver el ojo o, alternativamente, el dios Thoth curó el ojo y se lo devolvió a Horus.

El símbolo del ojo restaurado, conocido como utchat, se consideraba un poderoso amuleto. En una versión del mito, Horus entregó su ojo restaurado a su padre Osiris, el dios de los muertos. En su lugar, puso una serpiente divina, que a partir de entonces fue el emblema de la realeza. Horus sucedió a su padre, Osiris, como faraón vivo y rey de toda la tierra.

Según otros mitos, Horus era hijo de la diosa de la fertilidad con cabeza de vaca Hathor, cuyo nombre significaba la "casa de Horus". Al anochecer, Horus, en forma de halcón, volaba a la boca de Hathor, y cada mañana salía volando de su vientre, renacido.

Los cuatro hijos de Horus desempeñaban un papel importante en los rituales funerarios egipcios. Guardaban los botes canopos que contenían los órganos internos del cuerpo momificado. Estos frascos se colocaban cerca de la momia en el momento del entierro. La parte superior de cada frasco se asemejaba al dios que tenía jurisdicción sobre el contenido.

Amset, con cabeza humana (también llamada Mestha o Imsety), custodiaba el hígado del muerto y estaba bajo la protección de Isis. Hapi, con cabeza de babuino, custodiaba los pulmones y estaba protegido por la hermana de Isis, Neftis. Duamutef, con cabeza de chacal o de perro, custodiaba el estómago y estaba protegido por la diosa Neith (o Red).

Qebsennuf, con cabeza de halcón, guardaba los intestinos y estaba protegido por la diosa Selket. Estos cuatro hijos de Horus se representaban con frecuencia en escenas funerarias; en el Libro de los Muertos, sus figuras se sitúan sobre un loto abierto en presencia de Osiris.

Los principales aspectos de Horus tenían formas distintas y funciones bien definidas. Se cree que pueden haber sido dioses separados en la antigüedad, pero que finalmente se fusionaron en aspectos del mismo dios. Entre estas formas estaban Horus como niño, como hombre, como vengador de su padre y como dios unido a Re.

Harpócrates (o Har-pe-khrad) era adorado como Horus el Niño. A menudo se le representaba como un niño amamantado por Isis. A veces se le representaba como un adolescente desnudo con el pelo en la característica coleta, que denota la juventud. Haroeris (Harwer) era el nombre de Horus el Viejo, o Horus el Grande. De origen predinástico, este aspecto de Horus se consideraba el hijo de Re y Hathor, o, alternativamente, de Khnum y Heqet.

Harmakhis (Har-em-akhet) tenía cabeza de halcón y llevaba la doble corona de Egipto. Este aspecto de Horus estaba asociado a la batalla para vencer a Seth, el dios de la muerte y el mal. Harsiesis (Har-si-Ese) se asociaba a Horus como vengador de su padre Osiris y era adorado en el gran templo de Idfu.

Se cree que en Idfu tuvo lugar la legendaria batalla entre Horus y Seth; el mito puede haberse originado como un conflicto real entre facciones reales durante la II dinastía.

Los griegos equiparaban a Harsiesis con su dios Apolo. Se le representaba como un ser humano con cabeza de halcón, que llevaba una doble corona, blandía una espada curva y sostenía un anj, el símbolo de la vida. Harakhte (también llamado Herkhty o Harmachis), u Horus del Horizonte, estaba vinculado a la Gran Esfinge de Giza. Harakhte era representado como un ser humano con cabeza de halcón. Se pensaba que este aspecto de Horus era una manifestación del dios del sol Re.

Preguntas de investigación

---

1. ¿Qué Dios es el padre de Horus y por qué éste lo protege con tanta diligencia?

2. ¿Qué otros nombres reciben tus dioses egipcios favoritos?
3. Si cualquiera de estos dioses pudiera llevarse a una persona a otra dimensión o a otra cosa, ¿a quién elegirías para vivir en su mundo?

Khepri

También se escribe Khepra, Khepera, Khopri, Kheprer o Chepera.

El dios del sol de la mañana

Khepri se representaba como un humano con cabeza de escarabajo o simplemente con la forma del propio escarabajo. Khepri representa el poder creativo y transformador del sol. Como sol de la mañana, Khepri era considerado un aspecto del dios del sol Re.

Los antiguos egipcios se dieron cuenta de que el escarabajo escarabajo, o escarabajo pelotero, pone sus huevos en una bola de estiércol y hace rodar la bola por el suelo mientras los huevos de su interior eclosionan en fases de larva y ninfa. Al cabo de 40 días, las crías emergen como pequeños escarabajos alados. Es posible que estos escarabajos se asocien con el sol porque vuelan durante las horas más calurosas del día.

Los egipcios creían que el difunto Osiris sufría esa metamorfosis en la oscuridad del inframundo (Duat), y, como los escarabajos surgen de la materia inerte con un núcleo vivo que se transforma en vida activa, Khepri simbolizaba la resurrección del cuerpo. Re, como Khepri, hacía rodar el sol por el cielo de manera similar a como el escarabajo pelotero hace rodar su bola por la tierra.

Se creía que el propio escarabajo era una encarnación del dios Khepri, por lo que se creía que los amuletos y encantos con forma de escarabajo atraían el poder y la protección del dios y aseguraban el renacimiento del portador.

Estos amuletos solían enterrarse con el cadáver momificado para asegurar el renacimiento y el paso seguro por el inframundo. A menudo, estos escarabajos llevaban grabadas inscripciones del Libro de los Muertos, una colección de textos mortuorios. Ya en la época romana, se sabe que los soldados romanos que iban a la batalla llevaban anillos de escarabajo.

El culto al escarabajo era mucho más antiguo en Egipto que el culto a Re. En algunos mitos, el propio Khepri surgió del caos primitivo, Nun, y creó el universo; en una variación, es Re quien creó el universo en forma de Khepri.

Mediante la unión sexual con su propia sombra, Khepri engendró entonces al dios del aire Shu y a su hermana Tefnut, diosa de la humedad, de la que descienden el resto de los dioses.

Preguntas de investigación

---

1. ¿Qué creen los egipcios que es importante sobre sus deidades y por qué debería todo el mundo preocuparse por las creencias de una cultura sobre sus deidades, si no es para aprender y crecer como persona?
2. ¿Elegirías asociarte sólo con dioses egipcios que tuvieran buenas intenciones para los humanos en el fondo, o no juzgarías a los de antes por cómo los vemos hoy?
3. ¿Qué es lo más interesante que has aprendido hoy o la semana pasada al estudiar este tema?

Khnum

También se escribe Khnemu, Khnoumis, Chnuphis, Chnemu o Chnum.

Un dios de la creación con cabeza de carnero que daba forma a los seres humanos en su torno de alfarero

Asociado al dios Ptah de Menfis, del que se creía que había modelado el cielo y la tierra en un torno de alfarero, a Khnum se le atribuía haber moldeado el gran huevo cósmico que contenía el sol y haber dado forma a todos los pueblos del mundo en su propio torno de alfarero. Su nombre significa "moldeador".

Khnum también está asociado a la diosa Maat (la verdad) y a Thoth, el escriba divino. El centro de su culto durante el Reino Nuevo estaba en Elefantina, la región en la que los antiguos egipcios creían que nacía el río Nilo. Khnum era llamado Señor de la Primera Catarata, y su diosa compañera, Satet, era adorada en Elefantina antes que él.

Originalmente, Khnum podría haber sido una diosa más que un dios. Se sabe que fue adorado desde el año 3000 a.C. El lugar de Khnum en el panteón evolucionó a lo largo de la historia egipcia, pero siempre se le consideró una deidad importante. El templo funerario del Reino Nuevo de la reina Hatshepsut en Dayr al-Bahri contiene un retrato del dios Khnum modelando el cuerpo y el alma de la reina en su torno de alfarero. Ya en el año 300 su imagen aparecía en papiros y piedras preciosas gnósticas.

Preguntas de investigación

---

1. ¿Cuáles son tus cinco principales dioses egipcios con poder?
2. En los mitos, la mayoría de los pueblos utilizan a los dioses para legitimar su gobierno y su poder sobre la gente, ¿por qué crees que ocurrió eso?
3. ¿Tiene un par de dioses egipcios favoritos? ¿Por qué son tus favoritos?

Khons

También se escribe Khonsu, Chunsu, Khuns o Chons.

Dios de la curación, la fertilidad, la concepción y el parto

Considerado tanto una deidad solar como lunar, aunque más a menudo asociado a esta última, Khons era hijo del dios Amón y de la diosa Mut. Junto con sus padres, era adorado como parte de la tríada de Tebas. También se le consideraba un navegante que cruzaba el cielo en un barco, y en este papel Khons era llamado "el Viajero".

Como hijo de Amón y Mut, Khons tenía un papel en la tríada tebana equivalente al de Nefertem, hijo de Ptah y Sekhmet, en la anterior tríada de Menfis. Junto a sus padres, Khons era representado como un niño desnudo con el cabello en el mechón lateral que caracterizaba a la juventud.

En su forma adulta, Khons era representado como un varón humano, a veces con cabeza de halcón, coronado con el disco lunar y la luna creciente o con el disco solar y la cobra (uraeus). En sus manos sostenía todos los símbolos de la divinidad y el poder para mostrar la amplitud de su dominio.

En un mito, un rey de Tebas rezó a Khons para que salvara a la hija del príncipe de Bekhten, que estaba enferma porque había sido poseída por un demonio. El rey rezó a una estatua de Khons, y la estatua asintió con la cabeza para mostrar que respondería a la oración del rey y ayudaría a la joven princesa.

La estatua fue entonces enviada a la ciudad del príncipe, y Khons obligó al demonio a abandonar el cuerpo de la niña. Entonces Khons voló de vuelta a Tebas en forma de halcón.

Preguntas de investigación

1. ¿Quién era el dios de la escritura y la medición para los antiguos egipcios?
2. ¿Cuántos dioses puedes nombrar que tengan una asociación con un animal o animales específicos?
3. ¿Qué opinas de los dioses egipcios masculinos?

Mont

También se escribe Ment, Mentu, Menthu, Montu o Munt.

Una deidad solar con cabeza de halcón, a veces considerada un dios de la guerra.

Antes del surgimiento de Amón-Re, Mont, a menudo combinado con el dios del sol Re, era adorado en Tebas como el dios Mont-Re.

Mont fue adorado en Karnak y Hermonthis (Armant) como señor del cielo y también fue adorado en Idfu y Dandarah (Dendera). En Menfis (Egipto) se le asociaba con el toro sagrado de Re.

A Mont se le solía representar con cuerpo de hombre y cabeza de halcón o gavilán, con un tocado de uraeus (serpiente), disco solar y doble penacho.

Se cree que esta deidad personificaba el calor destructivo del sol y que los egipcios rezaban a Mont para que destruyera a sus enemigos en la guerra utilizando sus lanzas de fuego.

Preguntas de investigación

1. ¿Cuál dirías que es el más sexy de todos los dioses egipcios masculinos?
2. ¿Tenían los antiguos egipcios alguna personificación hacia sus deidades?
3. ¿Qué herramienta se cree que utilizaban los egipcios para diversas funciones, entre ellas la de eliminar las impurezas del oro?

Nefertem

También se escribe Nefertum.

El dios de la creación del día de cada mañana, asociado a la flor de loto

Nefertem era también el dios de los perfumes y los aromas, ya que la química de los aceites fragantes era una ciencia egipcia importante y muy sofisticada.

Nefertem, junto con su madre Sekhmet y su padre Ptah, formaba la tríada de dioses cuyo culto se centraba en la ciudad egipcia de Menfis.

Nefertem estaba simbolizado por el loto porque en algunos mitos se creía que el sol salía de una flor de loto cada mañana y volvía al loto por la noche. Se le solía representar como un varón humano con un tocado emplumado, sosteniendo un cetro de loto, un sable curvado o el anj, símbolo de la vida.

A veces se mostraba a Nefertem con la cabeza de un león y el cuerpo de una momia o de pie sobre el lomo de un león. En los textos tardíos se le asociaba con Horus o con Toth. El hermano de Nefertem, I-em-hetep (también deletreado Imhotep), que significa "vengo en paz", era también hijo de Ptah. I-em-hetep era un dios de la curación y del arte de la medicina; Nefertem solía aparecer con un gorro y llevando un rollo de papiro para simbolizar el estudio y el aprendizaje.

I-em-hetep deriva de una figura histórica real: Imhotep, el arquitecto de la pirámide escalonada del rey Djoser en Saqqārah, fue considerado tan brillante que fue deificado.

Preguntas de investigación

1. ¿Cuál es su dios egipcio masculino favorito?
2. ¿Dónde encontramos registros del antiguo Egipto?
3. ¿Cómo crees que era el pueblo egipcio antes de ser gobernado por los faraones?

Isis y Osiris

Dios del sol, la agricultura y la salud. Su reina es Isis, que también es su esposa y hermana

Isis representaba la luna, como Osiris el sol, y se creía que había enseñado a los egipcios las artes de la agricultura y la medicina. A Isis también se le atribuye la institución del matrimonio.

Osiris tenía un hermano malvado, Seth, dios del desierto. Seth indujo a Osiris a meterse en un gran cofre, que fue cerrado y arrojado al río Nilo. Isis recuperó el cuerpo de su esposo, pero Seth lo tomó y lo cortó en pedazos. Isis enterró los trozos, y a partir de entonces Osiris fue considerado el dios de los muertos. Su hijo, Horus, vengó el asesinato conquistando a Seth.

En la Tierra, Osiris tomó la forma del toro sagrado, Apis. De los nombres combinados Osiris-Apis surgió Sarapis, otro nombre para Osiris. Más tarde, Sarapis fue considerado como un dios independiente. Osiris se representaba a menudo envuelto en telas de momia y con una corona.

Isis era representada frecuentemente con su hijo pequeño, Horus. También se representaba a Isis con cuernos de vaca, ya que ésta se consideraba sagrada para ella. A partir del siglo VII a.C., su culto fue el más popular en Egipto. En el puerto marítimo de Alejandría, Isis era considerada patrona de los marinos, y desde allí su culto se extendió a Grecia y Roma.

Preguntas de investigación

---

1. Compara a Osiris y Horus: ¿cuáles son las principales diferencias entre ellos y cómo se convirtieron cada uno en rey de Egipto?
2. ¿Por qué es Isis una diosa tan importante en Egipto?
3. ¿Nombra algo que haga que Osiris sea simplemente impresionante?

Ptah

También se escribe Phthah.

El arquitecto cósmico, dios de las artes, los oficios y protector de los artesanos

Los griegos identificaban a Ptah con su dios Hefesto, y los romanos con Vulcano.

Ptah es uno de los dioses más importantes del panteón egipcio. Era la deidad principal de la ciudad de Menfis y, junto con su esposa Sekhmet y su hijo Nefertem, formaba la tríada de dioses de Menfis.

En el arte egipcio, Ptah era representado a menudo como una figura masculina calva y con barba que llevaba un gorro ajustado y un collarín muy decorado; su cuerpo estaba envuelto en una prenda ajustada que sólo dejaba libres sus manos. El menat, símbolo del placer y la felicidad, colgaba de su nuca.

Ptah estaba sentado o de pie sobre un pedestal que simbolizaba a Maat, que representaba la verdad y la justicia, y sostenía en sus manos el anj, símbolo de la vida, y el cetro, símbolo del poder. A veces se le mostraba en su torno de alfarero. Los jeroglíficos que representaban su nombre incluían los significados "abrir", "grabar", "tallar" y "cincelar". El propio nombre de Ptah puede haber significado "escultor" o "grabador".

El principal atributo de Ptah era su poder de dar forma a todo, y se le llamaba el Arquitecto del Universo. Él dio forma a los dioses, a las ciudades, a las provincias de Egipto y a todas las cosas bellas. Según un texto, Ptah fue el padre de Atum, que más tarde se convirtió en el dios del sol Re.

Los egipcios creían que Re originaba los pensamientos. Luego, el dios de la inteligencia, Thoth, daba palabras a los pensamientos de Re. Pero era Ptah quien daba forma a estos pensamientos. Ptah contaba con la ayuda de Maat, diosa de la verdad y la justicia, y del dios Khnemu, que daba forma a los humanos en su propio torno de alfarero. Ptah era una fuerza creativa incluso en la muerte, ya que daba forma a nuevos cuerpos para que las almas de los difuntos habitasen en el Duat (inframundo).

Ptah se asociaba a menudo con otros dioses, o incluso se fusionaba con ellos, especialmente con Osiris y con Seker (también deletreado Soker). Se creía que Ptah existía en el principio de los tiempos dentro de Nun, el caos acuático primigenio, y que Ptah creó el mundo a partir de ese caos, ya sea amasando barro o mediante el habla.

Ptah se identificaba de alguna manera con el toro Apis, que también era adorado en Menfis. Se creía que este toro era la encarnación de Ptah durante su vida, pero cuando moría, asumía la identidad del dios Osiris y era llamado Serapis.

También se creía que Ptah había absorbido las cualidades de un dios predinástico llamado Tenen, y esta forma combinada solía representarse como un varón humano con una corona de plumas de avestruz, sosteniendo una cimitarra. Ocasionalmente, Ptah se mostraba con los Siete Sabios, seres que procedían de las lágrimas de Re y adoptaban la forma de halcones.

Los Siete Sabios, junto con Toth en su papel de escriba, gobernaban las letras y el aprendizaje. En estos escenarios, Ptah era la fuerza que llevaba a cabo los dictados de estas deidades, dando forma a sus diseños.

Una vez denunciada la herejía de Ajenatón y restaurada la religión tradicional por Tutankamón, se declaró que todos los dioses eran en esencia tres dioses: Amón, Re y Ptah. Durante la época ramésida, Ptah seguía siendo muy apreciado; tanto es así que el cuarto hijo de Ramsés el Grande, Khaemwese, era famoso como sumo sacerdote de Ptah en Menfis.

Preguntas de investigación

---

1. ¿Quién fue el primer dios egipcio masculino?
2. ¿Quién dirías que era el dios egipcio más poderoso? ¿Por qué lo consideras así?
3. ¿Qué significa que un dios asuma una forma?

Re

También se escribe Ra o Phra.

El dios supremo del sol, padre de toda la creación en la forma de Atum

Re, al igual que el dios Horus, abarcaba numerosos atributos y a menudo se fusionaba con otros dioses para formar dioses compuestos como Amón-Re. Los faraones reivindicaban su legitimidad al trono como descendientes de Re. El centro de su culto era la ciudad de Heliópolis, situada al este de la moderna ciudad de El Cairo, Egipto.

Re solía ser representado como un halcón o como un hombre con cabeza de halcón. En su forma de halcón, Re se asociaba con el dios Horus. El tocado característico de Re era un disco solar rodeado por un uraeus, o serpiente. En su forma humana, sostiene el ankh, símbolo de la vida, en su mano derecha, y el cetro, símbolo del poder, en la izquierda.

En ocasiones, Re era representado como un león o un gato. Como personificación del sol declinante, el dios se mostraba como un anciano apoyado en su bastón. En los textos jeroglíficos, su nombre se representaba con un ojo o un círculo con un punto en el centro.

Re, como Atum, fue el creador del universo, y se creía que todos los dioses que participaron en la creación eran, en última instancia, aspectos de Re. Cuando el disco solar de Re salió del caos acuático primordial de Nun, el tiempo mismo comenzó. Re comenzaba su viaje de nuevo cada mañana, y como el dios con cabeza de escarabajo Khepri viajaba por el cielo en una barca celestial. Maat, la diosa de la verdad y la ley, que gobernaba la regularidad de todos los movimientos celestes, terrestres y del inframundo, fijó el rumbo de la barca en el momento de la creación. La barca de la mañana se llamaba Matet (también llamada Mantchet o Manjet), cuyo nombre significaba "hacerse fuerte". Al mediodía, Re alcanzaba la cima de sus poderes.

Cuando el sol comenzó a menguar, Re se convirtió en Atum, y al anochecer apareció como un anciano. En su descenso, el dios cabalgaba en la barca vespertina, Semktet (o Mesektet), cuyo nombre significaba "volverse débil". Continuó su viaje por el inframundo, Duat, para repartir luz, aire y alimento a las almas que allí residían. Abtu y Ant, dos peces, nadaban delante de la barca para guiarla por su turbio camino.

En Duat, Re unió fuerzas con otros dioses contra los habitantes del mal del inframundo, que estaban decididos a obstruir el camino de su barca e impedir así que el sol volviera a salir a la mañana siguiente.

El principal adversario de Re era el malvado Seth, que tomó la forma de una serpiente gigante llamada Apopis y se enfrentó al dios del sol en una batalla justo antes del amanecer. Otros dos demonios, Sebau y Nak, ayudaron a Apopis.

Los sacerdotes del templo de Re en Tebas recitaban versos rituales que describían esta batalla del bien contra el mal en la creencia de que esto ayudaba a Re en su conquista de la oscuridad. Re lanzó un hechizo sobre Apopis, ató y desmembró al demonio, y luego lo quemó, como el sol dispersa las nieblas de la noche.

En la creación, Re creó a los gemelos Shu y Tefnut, aire y humedad, respectivamente, a partir de su semen o de su saliva. Los gemelos, a su vez, dieron a luz a la diosa del cielo Nut y al dios de la tierra Geb. De la unión de Nut y Geb surgieron Osiris, Isis, Seth y Neftis. El conjunto de estas nueve deidades se denominó la Enéada Heliopolitana (grupo de nueve).

Varios mitos populares presentaban a Re como un anciano de mente débil; en uno de ellos, Isis estuvo a punto de obtener el poder de Re. Re mantenía su verdadero nombre en secreto, negándose a decírselo a nadie por miedo a que su poder pudiera ser utilizado en su contra por sus enemigos.

Isis se dio cuenta de que si conocía este nombre, sería su igual. Isis hizo una serpiente venenosa con polvo mezclado con la saliva de Re. Puso la serpiente en el camino de Re cuando éste viajaba por el cielo y le ordenó mágicamente que picara al dios del sol. Re se vio afectado por el veneno de esta mordedura y cayó enfermo hasta el punto de morir. Isis aceptó curarlo con su magia si le decía su nombre secreto. Re lo hizo, e Isis, fiel a su palabra, pronunció un conjuro mágico que curó al dios moribundo. Tal y como había planeado, su estatura entre los dioses se elevó, aunque nunca llegó a usurpar completamente al dios del sol.

En otro mito, Re, irascible en su vejez, se enfadó con la humanidad por desobedecerle. Envió a la diosa de la fertilidad con cabeza de vaca, Hathor, acompañada de la diosa de las llamas con cabeza de león, Sekhmet, para destruir a la humanidad. Hathor y Sekhmet disfrutaron de la matanza, empapándose de sangre.

Al ver su frenesí, Re se arrepintió. Para detener la destrucción de las diosas, inundó la tierra con cerveza teñida de ocre rojo. Creyendo que era sangre, la bebieron y se embriagaron tanto que se olvidaron de la matanza, y el resto de la humanidad se salvó.

El faraón de la IV dinastía Khafre (o Kefrén) fue el primer rey conocido que se declaró hijo del dios Re. Se creía que cada vez que la divinidad de los faraones necesitaba reforzarse, Re asumía la forma del faraón y fecundaba a la reina. El heredero del trono no sólo era considerado un verdadero hijo del dios, sino también el dios encarnado.

Durante la V dinastía, el culto a Osiris, dios del inframundo, se extendió hacia el sur desde la ciudad del Delta de Busiris hasta Abidos, en el Alto Egipto. Los sacerdotes de Re lucharon por mantener la autoridad de su dios supremo, pero en la VII dinastía, Osiris había adquirido una popularidad mayor que la de Re.

A Re se le asignó un papel en el paso de los muertos y se le representó erigiendo escaleras en las tumbas de los faraones muertos para ayudarles a escapar del inframundo.

A partir de la XII dinastía, Re comenzó a fusionarse con Amón, el dios local de Tebas que dominaba el Alto Egipto. Tras la expulsión de los hicsos por parte de Kamose, un rey de la XVII dinastía, Re como Amón-Re ganó popularidad. Amón-Re era conocido como el dios del que todos los demás dioses eran aspectos. Más tarde, Amenhotep IV intentó elevar a Atón, el disco del sol mismo, como dios único. Aunque esta doctrina fue rechazada una vez finalizado el reinado de Amenhotep IV, sirvió para redirigir la atención hacia las deidades solares.

Re fue evocado en las paredes de las tumbas de Seti I y Ramsés IV, y durante las dinastías XIX y XX se cantaba en los templos de Re una letanía que contenía 75 formas del nombre del dios.

Preguntas de investigación

---

1. ¿Cómo es que Ra es sólo uno de los muchos dioses y no EL dios de Egipto?
2. ¿Qué colores lleva Ra?
3. ¿Los dioses egipcios masculinos te parecen masculinos o femeninos?

Shu

También se escribe Su.

El dios del aire

La esposa y hermana gemela de Shu era Tefnut, diosa de la humedad. Shu y Tefnut tuvieron dos hijos, Nut (el cielo) y Geb (la tierra). El todopoderoso dios del sol, Re, ordenó a Shu que separara a la diosa del cielo, Nut, de su hermano Geb, dios de la tierra, y Shu mantuvo eternamente separados a ambos, creando la luz y el espacio entre el cielo y la tierra. Shu era adorado como parte de un sistema de dioses en la antigua ciudad egipcia de Heliópolis.

A Shu se le representaba casi siempre como un varón con barba que llevaba un tocado formado por una pluma de avestruz (símbolo de Maat, que representaba la verdad y la ley) o varias plumas y sostenía un cetro, símbolo del poder. A menudo se mostraba a Shu con los pies plantados sobre Geb, la tierra, y los brazos levantados sosteniendo a Nut, el cielo. Se cree que el nombre de Shu significaba "el que sostiene".

Según un mito, Shu y su hermana Tefnut fueron concebidos únicamente por Re en su forma de Atum (Re-Atum). Después de que Atum se creara a sí mismo a partir de Nun, el caos acuático primigenio, expulsó a Shu y a Tefnut por la boca.

Una historia alternativa identificaba a la diosa con cabeza de vaca Hathor, en su aspecto de consorte de Re, como la madre de Shu. Shu fue identificado con el titán griego Atlas.

Preguntas de investigación

1. ¿Por qué cree que los dioses egipcios se extinguieron pero siguen siendo importantes para nosotros hoy en día?
2. ¿Crees que los dioses egipcios masculinos eran percibidos de forma diferente a los femeninos, en cuanto a los roles de género de los miembros de sus respectivos géneros?
3. ¿Todos los dioses egipcios acabaron en el cielo?

Sebek

También se escribe Sobek o Sobk.

Un dios asociado no sólo con la muerte y el inframundo, sino también - como aspecto del dios todopoderoso Re- con la vida eterna para los puros de corazón

El historiador griego Heródoto señaló que Sebek también era adorado en un templo insular del lago Moeris, en el Al-Fayyum occidental, así como en la ciudad de Tebas. El culto al cocodrilo divino, especialmente como oráculo, perduró hasta bien entrada la época del Imperio Romano.

Sebek solía ser representado como un hombre con cabeza de cocodrilo, coronado con el disco solar y la cobra (uraeus) o con plumas y un par de cuernos. Se consideraba que el cocodrilo vivo era la encarnación de Sebek, y en sus templos se adoraba al animal y se le consultaba como oráculo.

Según los Textos de las Pirámides del Reino Antiguo, en el Duat (inframundo) el corazón de los muertos se equilibraba con la pluma de Maat, la verdad o la ley.

Los que no superaban esta prueba eran destruidos para siempre y arrojados a la diosa con cabeza de cocodrilo Ammit, que los devoraba. Pero el papel de Sebek era tanto positivo como negativo, pues significaba que la muerte podía conducir a una nueva vida eterna.

En los mitos egipcios, Sebek desempeñaba un doble papel: protector y destructor amenazante. Se le consideraba a la vez enemigo y amigo de Osiris, dios de la Duat. Según un relato, después de que Seth asesinara a Osiris, Sebek llevó al dios muerto a tierra y lo devolvió a la diosa Isis.

Los Textos de las Pirámides relatan cómo Sebek ayudaba a los muertos devolviéndoles la vista y otras facultades y les ayudaba en la lucha contra Seth. Según algunos relatos, Sebek se convirtió en protector del dios Horus cuando éste era un niño y lo guió a través de los pantanos, donde Isis lo había escondido del asesino de su padre. Pero en otra versión del mito, Sebek fue representado como una versión del cocodrilo que se alineaba con Seth, e Isis tuvo que meter a Horus en un arca de cañas de papiro tejidas para protegerlo de Sebek, que intentó encontrar y matar al niño.

Históricamente, cuando el río Nilo estaba bajo, los cocodrilos salvajes recorrían las fértiles tierras de Egipto, amenazando a la población. Así, el animal se convirtió lógicamente en un símbolo de miedo y destrucción. En la colección de textos mortuorios titulada Libro de los Muertos, los cocodrilos figuran entre las bestias que amenazan al alma muerta.

El aspecto benéfico del cocodrilo y su asociación con Re parece haber sido un desarrollo religioso posterior. En algunas partes de Egipto, el cocodrilo se seguía matando, sobre todo por deporte, por parte de la nobleza. En otras partes se le consideraba un guardián sagrado de Egipto.

El centro de culto de Sebek era Krokodilópolis, donde el cocodrilo sagrado se alimentaba en un lago sagrado, se domesticaba y se adornaba con brazaletes en sus patas delanteras. Se le alimentaba con pan, carne y manjares, incluidos pasteles hechos con miel y leche, y se le daba de beber vino.

Tras su muerte era embalsamado, momificado y enterrado con gran ritual. Sebek también era adorado, junto con Horus el Viejo, en el gran templo de Kom Ombo en el Alto Egipto.

1. ¿Qué dios egipcio masculino es el más genial?
2. ¿Tenían estos dioses masculinos sus propias familias, como esposas e hijos?
3. ¿Cómo es que el antiguo Egipto está dominado por los hombres?

Thoth

También llamado Djehuti, Djhuty, Dhouti, Zehuti, Tahuti, Zhouti, Techa o Thout.

Toth es el dios con cabeza de ibis de la sabiduría, la inteligencia y la magia

Los griegos identificaban a Thot con su propio dios Hermes y creían que era la fuente de toda la sabiduría conocida por la humanidad. Los griegos alejandrinos lo identificaban como el mago Hermes Trismegistos ("el tres veces grande").

Toth fue uno de los primeros dioses egipcios. Como escriba de los dioses, se le asociaba con la palabra, la literatura, las artes y el aprendizaje. Como medidor y registrador del tiempo, se le asociaba con la luna.

A Thot se le atribuyó la invención de las ciencias y los jeroglíficos y los egipcios lo consideraban el autor de su colección de textos mortuorios titulada Libro de los Muertos. El centro del culto a Thot era la ciudad de Hermópolis, en el Alto Egipto.

Thot solía ser representado como una figura humana masculina con la cabeza de un ibis, un ave acuática de pico curvo originaria de la región del río Nilo. A veces se le representaba sólo con el ibis. En ocasiones se le representaba como un mono con cabeza de perro o un babuino sentado con la luna creciente en la cabeza. En consonancia con sus numerosos atributos, se le representaba con una gran variedad de símbolos.

Como dios de Egipto, Thot llevaba el ankh, el símbolo de la vida, en una mano, y en la otra sostenía un cetro, el símbolo del poder. En el Libro de los Muertos, se le muestra con una paleta de escritura y una pluma de caña para registrar los hechos de los muertos.

Como voz del dios del sol Re, llevaba el utchat, u ojo de Re, el símbolo del poder omnipresente de Re. A Thot se le representaba con una luna creciente en su tocado, la corona de Atef o la corona del Alto y Bajo Egipto.

Thoth surgió de las aguas primigenias de Nun simultáneamente con Re y no nació de Re como los otros dioses. Thoth sirvió como la voz de Re. Al pronunciar las palabras de Re, se cumplieron los deseos del dios del sol. Re concibió el mundo, pero fue Thoth quien pronunció las palabras que lo crearon.

En calidad de tal, Thot era la personificación de la palabra divina. En los mitos egipcios de la creación, Thot estaba vinculado con Khnum, Maat y Ptah, así como con los Ogdoad, cuatro pares de oscuras deidades de la creación de Hermópolis que representaban el surgimiento de las formas de vida en la tierra a partir del barro. Estos dioses tenían cabeza de rana y serpiente y representaban la noche, el secreto, la oscuridad y la eternidad. Toth era considerado su maestro.

Los egipcios creían que Thoth, como dios de la luna, vigilaba el cielo nocturno mientras Re viajaba por el inframundo. En otros mitos, Thoth se unía a Re en la batalla nocturna contra los poderes de la oscuridad y el mal, para que el sol pudiera salir de nuevo por la mañana.

Los consejos y la intervención de Toth se mencionan en numerosos mitos, en los que siempre muestra sabiduría y compasión. Fue Thoth quien dio a la diosa Isis las palabras del hechizo que reviviría a su marido muerto, Osiris, y protegería a su hijo, Horus. Thot juzgó la batalla entre Horus y Seth, restauró el ojo perdido de Horus y le dio a Isis la cabeza de una vaca después de que la decapitara.

Thoth desempeñaba un papel importante en el inframundo, o Duat. Como escriba de Maat, registraba el juicio del alma de cada persona. Era Thoth quien conocía el encantamiento que abriría las puertas de Duat y permitiría al alma entrar protegida.

Originalmente un dios de la creación, a Toth se le atribuyó más tarde la fundación de prácticas cívicas y religiosas y la invención de la escritura.

Se le consideraba el creador de todas las ciencias y artes y se decía que había fundado todas las estructuras cívicas, incluidas la religión y el gobierno. Contaba y medía todo en el cielo y en la tierra, incluidas las estrellas.

Tal y como se representa en el arte egipcio, Thot presidía el registro de las hazañas de los reyes egipcios. En los rituales de los sacerdotes, Toth presidía sus conjuros mágicos.

Preguntas de investigación

---

1. ¿Por qué algunos de estos dioses no interactúan bien entre sí?
2. Si pudieras pensar en algún dios egipcio masculino para gobernar el mundo, ¿quién sería?
3. ¿Qué es lo más atractivo de este dios egipcio?

Diosa femenina

Bastet

También se escribe Bast, Pasht o Ubastet

Una diosa con cabeza de gato asociada a la música y la danza, a la protección contra las enfermedades y los malos espíritus y a la seguridad de las mujeres embarazadas

El centro de su culto estaba en la ciudad egipcia de Bubastis, en la región oriental del delta del río Nilo, donde, según se dice, su templo estaba en el centro de la ciudad y su torre podía verse desde cualquier punto de la misma.

En general, los gatos gozaban de gran estima en la cultura egipcia antigua. El historiador griego Heródoto señaló que cuando se producía un incendio en una casa egipcia, la gente se preocupaba más por salvar a los gatos que por apagar el fuego. Cuando un gato moría, los habitantes de la casa se afeitaban las cejas en señal de luto.

Bastet, de origen muy antiguo, puede haber sido concebida inicialmente como un león y no como un gato domesticado, pero esto no es seguro; pasó a ser conocida como "la Gatita", mientras que la diosa con cabeza de león Sekhmet pasó a ser conocida como "la Gran Gata". Tanto Bastet como Sekhmet estaban vinculadas al dios Ptah de Menfis, Egipto. Bastet se asociaba con el poder benéfico y calentador del sol, mientras que Sekhmet se asociaba con el poder ardiente y destructivo del sol.

Se pensaba que el aspecto negativo de Sekhmet tenía la misma relación con la más positiva Bastet que la diosa Neftis tenía con su hermana Isis. Ocasionalmente Bastet también se identifica con la diosa con cabeza de vaca Hathor. A veces se considera a Bastet como la madre del hijo de Ptah, Nefertem, dios de los perfumes, pero más a menudo se le da esta atribución a Sekhmet.

En el arte egipcio, Bastet suele aparecer como una mujer con cabeza de gato, que sostiene un sistro en la mano derecha, símbolo de su asociación con la música, y un escudo en la mano izquierda con la cara de un gato o una leona.

A veces Bastet se fusionaba con Sekhmet y el dios del sol Re en una deidad llamada Sekhmet-Bastet-Re, y esta deidad, claramente asociada con el poder del sol, se representaba como un cuerpo femenino con una cabeza humana masculina y dos cabezas de buitres brotando de su cuello. Tenía alas en los brazos y garras de león.

La fiesta de Bastet en Bubastis, que se celebraba en abril y mayo, era una de las más populares de Egipto, y se celebraba con festines y consumo de vino y con cantos y bailes que tenían lugar en barcazas a lo largo del Nilo. Se dice que más de 700.000 personas asistían anualmente al festival.

Los gatos muertos eran reverentemente embalsamados, momificados y enterrados con gran ceremonia en una necrópolis en el templo de Bastet. Durante la época del festival, el faraón se abstenía de cazar leones por respeto a la diosa. Los antiguos griegos equiparaban a Bastet con su diosa Artemisa.

Preguntas de investigación

---

1. ¿Cómo podría el mundo aprender de las diosas egipcias?
2. ¿Dejaron alguna vez los antiguos egipcios de adorar a sus dioses?
3. ¿A cuál de los dioses egipcios femeninos admira más y por qué?

Hathor

También se escribe Athor.

La diosa del amor, la fertilidad, la belleza, la música y la alegría

Hathor era representada como una vaca o como una mujer con cuernos de vaca con el disco solar anidado entre ellos. El culto predinástico a las vacas puede haber dado lugar a la figura de Hathor, una de las más antiguas deidades conocidas de Egipto.

El nombre de Hathor significa "casa de Horus", en referencia a un mito en el que Hathor, en forma de vaca, se erigía sobre la tierra de manera que sus cuatro patas se convertían en pilares que sostenían el cielo mientras su vientre formaba el firmamento.

Horus, el dios del cielo, entraba en su boca cada noche en forma de halcón y salía renacido cada mañana. Debido a este mito, Hathor era considerada a veces la madre de Horus. Más tarde, Hathor fue considerada como la esposa de Horus.

Su hijo Harsomtus, también llamado Ihy o Ahy, fue adorado durante el periodo ptolemaico como dios de la música. Tanto Hathor como su hijo eran representados a menudo sosteniendo un sistrum, un instrumento parecido a un sonajero que se creía que repelía los espíritus malignos.

En el inframundo, conocido como Duat, Hathor proporcionaba alimento espiritual a las almas de los muertos. Aunque sus cualidades nutritivas la asemejaban a Isis y a otras diosas madre, también representaba la destrucción. Según un mito, el dios del sol Re, en su vejez, decidió castigar la desobediencia de la humanidad y designó a Hathor como azote.

La diosa comenzó a masacrar con tanto fervor que Re se arrepintió un poco y decidió que no toda la humanidad debía ser castigada. Los otros dioses inundaron los campos con una bebida embriagadora teñida de ocre rojo. Hathor bebió la cerveza, pensando que era sangre, y se embriagó tanto que cesó su tarea.

Los santuarios de Hathor eran comunes en todo Egipto, y era uno de los dioses adorados en Heliópolis. Su templo principal estaba en Dandarah (Dendera). El más importante de los muchos festivales del templo era la celebración del nacimiento de Hathor, que tenía lugar con la llegada del año nuevo. El festival era una ocasión para la juerga desenfrenada en honor a la diosa de la alegría. Los griegos identificaban a Hathor con su diosa Afrodita.

Preguntas de investigación

---

1. ¿Quién dirías que es el más poderoso de los dioses egipcios femeninos?
2. ¿En qué se diferencia Hathor de otros dioses egipcios?
3. ¿Cuál es tu dios egipcio favorito y qué historias interesantes has aprendido sobre él?

Heqet

También se escribe Heqtit o Hekt.

Una diosa con cabeza de rana que personifica la generación, el nacimiento y la fertilidad

A veces se representaba a Heqet con el cuerpo de una rana, y los amuletos de rana eran comunes en el antiguo Egipto como amuletos para la fertilidad.

Probablemente, Heqet también participó en el mito del renacimiento del dios Osiris, ya que se la representó presente en su momificación, sentada en un pedestal a los pies de su féretro.

El culto a la rana era uno de los más antiguos de Egipto. Se creía que los dioses y las diosas rana tenían un papel vital en la creación del mundo. Justo antes de la inundación anual del río Nilo, las ranas aparecían en gran número, lo que posiblemente llevó a su asociación con la fecundidad y con el comienzo de la vida en el mundo.

La Ogdóada hermopolitana constaba de cuatro pares de dioses primigenios muy tempranos que representaban la noche, la oscuridad, la eternidad y el secreto y sus correspondientes diosas. Todos estos dioses se representaban con cabeza de rana, mientras que sus homólogas femeninas lo hacían con cabeza de serpiente.

Heqet se menciona en los "Textos de las Pirámides" del Reino Antiguo y se cree que es una forma de la diosa Nut o de la diosa Hathor.

Es posible que fuera la contrapartida femenina del dios de la creación con cabeza de carnero Khnum, que daba forma a los humanos en un torno de alfarero, o del dios cocodrilo Sebek-Re de Kom Ombo.

También se dice que Heqet estuvo presente en la concepción de la reina Hatshepsut en su papel de diosa del nacimiento, siendo testigo de la escena en la que Khnum formó el cuerpo de Hatshepsut en su torno de alfarero.

1. ¿Qué diosa egipcia sería la mejor persona para salir en Halloween?
2. ¿Qué crees que hace tu dios egipcio femenino favorito para divertirse?
3. ¿Qué podemos aprender de la forma en que se representaba a las mujeres en el antiguo Egipto como dioses?

Maat

También se escribe Mayet, Maa, Maet, Maht, Maut.

La diosa de la verdad, la ley, la justicia y la armonía, y es la personificación del orden cósmico

Antigua deidad de origen predinástico, Maat era la hija del dios del sol Re y se creía que había surgido con el propio Re del caos primordial de Nun. En un principio, Maat determinaba el curso diario del sol. Su dominio se extendía a todos los rincones del universo. Su nombre significa "recto" y llegó a implicar todo lo que era genuino, real o verdadero.

En su calidad de diosa del orden divino, Maat también estaba asociada a los dioses de la creación Thoth, Ptah y Khnum. Puede ser considerada como la contraparte femenina de Thoth. Una deidad autocreada, Maat estaba con Thot en la barca de Re cuando se elevó por primera vez sobre las aguas primigenias de Nun. Como vínculo entre la religión y el orden social, Maat influyó en todos los aspectos de la muy estructurada vida del antiguo Egipto.

Maat solía representarse en forma de mujer con un tocado de un solo penacho de avestruz. La simetría del penacho puede simbolizar la igualdad y el equilibrio. En Duat, el inframundo, la Sala del Juicio (también llamada Sala de Maati) era su reino, donde a menudo se la mostraba duplicada. El doble puede simbolizar la unión del Alto y el Bajo Egipto.

Al igual que Thoth, Maat desempeñaba un papel central en el juicio de los muertos en Duat. Como se muestra en la colección de textos mortuorios titulada el Libro de los Muertos, su pluma se colocaba en uno de los platillos de la balanza utilizada para pesar el alma del muerto.

Thoth llevaba un registro de los procedimientos. Maat también presidía a los 42 asesores que debían aprobar el paso antes de que el difunto pudiera ser introducido en la presencia de Osiris, dios del inframundo, y comenzar la vida eterna.

Durante los periodos ptolemaico y romano, los jueces egipcios llevaban amuletos de Maat al cuello como emblema de la justicia y la verdad.

Preguntas de investigación

1. ¿Cómo crees que los antiguos egipcios definían a una deidad como bella? ¿Existe alguna característica específica que pudieran atribuirle para hacerla más atractiva o atrayente?
2. ¿Están todos los dioses femeninos relacionados entre sí?
3. ¿Había una esfinge o un gran gato que tuviera la cabeza de una mujer atractiva como tienen algunas diosas?

Mut

También se escribe Maut.

Una diosa madre con cabeza de buitre, esposa del gran dios Amón y madre de Khons

Los griegos identificaban a Mut con su diosa Hera.

Amón, Mut y Khons formaban la tríada divina de Tebas. Amón era representado a menudo con su consorte Mut a su lado. A veces se la representaba con el cuerpo de un buitre, como una mujer con cabeza de buitre o como una mujer con un tocado de buitre y las coronas unidas del Alto y el Bajo Egipto.

A veces se mostraba a Mut de pie con los brazos alados extendidos. En sus manos sostenía el ankh, el signo de la vida, y un cetro de papiro, y a sus pies estaba la pluma de Maat, que representaba la verdad.

Las reinas egipcias llevaban el símbolo del buitre en sus coronas. Se cree que el buitre se adoptó como símbolo de la maternidad divina porque se sabía que la buitre era especialmente concienzuda y protectora de sus polluelos y porque los egipcios creían que el buitre se reproducía por el poder de la partenogénesis, sin necesidad de machos.

Es posible que Mut fuera originalmente la contraparte femenina de las aguas del abismo primitivo, personificada como el dios Nun, pero más tarde se asoció con Amón. Cuando el estatus de Amón creció en el Reino Nuevo, y se consolidó con el dios Re como Amón-Re, el estatus de Mut creció en consecuencia.

Los adoradores de Amón-Re empezaron a considerarlo la deidad principal, de la que los demás dioses eran en realidad aspectos. Mut también siguió esta tendencia, y fue considerada la personificación de la única gran diosa; como tal, todas las diosas, incluidas Hathor, Sekhmet, Isis, Bastet, Nekhbet y Nut, eran consideradas aspectos de ella.

Cuando Amón-Re era representado con todo tipo de atributos animales y humanos para indicar su estatura como dios omnipresente, Mut también era representada con una multiplicidad de atributos; ocasionalmente se la mostraba incluso como un hombre con pene y garras de león.

El centro del culto a Mut, como el de Amón-Re, estaba en Tebas, donde se construyó un gran templo dedicado a la diosa durante el reinado de Amenhotep III (1390-53 a.C.).

Una avenida de esfinges conducía a este templo, que se encontraba justo al sur del santuario de Amon-Re. El templo de Mut era elaborado e incluso contenía un lago artificial sagrado con forma de herradura. Su santuario en Tebas fue un centro religioso activo durante 2.000 años.

Preguntas de investigación

---

1. ¿Se representaba a estos dioses de forma diferente a los humanos, o sólo con ropas y rasgos más bonitos?
2. ¿Qué harías si un dios egipcio te retara a una partida de cartas?
3. ¿Cuál es tu diosa egipcia favorita y cómo crees que ha contribuido a la sociedad?

Neith

También se escribe Red o Nit.

Diosa de la creación, la sabiduría y la guerra, a veces se cree que es la madre del gran dios del sol, Re, y está asociada a Toth, el dios del aprendizaje y la inteligencia

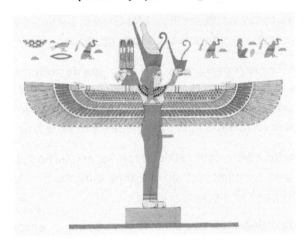

Los griegos identificaban a Neith con su diosa Atenea.

Neith es una diosa de origen muy antiguo. En algunos textos se dice que Neith se creó a sí misma, que fue la "gran dama" que dio a luz a Re y que se hizo presente en los tiempos primitivos. Neith era la deidad patrona de la ciudad de Sais, en el delta del río Nilo.

Neith suele ser representada con dos flechas y un arco. A veces su tocado era la corona del Bajo Egipto, el signo de su nombre o dos flechas cruzadas. En otra ocasión, durante la época dinástica, se la representaba como una mujer con un cocodrilo amamantando en cada pecho, lo que quizá indicaba que tenía el poder de dar vida al río Nilo.

Los atributos de Neith sugieren que originalmente era un espíritu de la madera. A juzgar por los primeros textos, su culto se había generalizado en todo Egipto. Sin duda, se le rindió culto durante la primera época dinástica y, según algunos estudiosos, el hecho de que su nombre formara parte de los nombres reales muy pronto en la I dinastía indicaba que su culto databa de la primera mitad del periodo arcaico.

Neith fue citada como diosa de Sais en la colección de obras mortuorias titulada Texto de las Pirámides. En textos posteriores aparece en Duat (el inframundo) como diosa protectora de Duamutef, uno de los cuatro hijos de Horus que se representaban en los tarros canopos como guardianes del contenido del tarro, que eran los órganos internos de una momia.

Preguntas de investigación

---

1. ¿Quiénes fueron dos de las diosas más poderosas de la mitología egipcia y quiénes podrían ser o son sus homólogas?
2. ¿Cuál es un error común sobre la representación de las deidades femeninas en la religión egipcia?
3. ¿Por qué crees que los antiguos egipcios adoraban a ambos sexos (masculino y femenino)?

Nekhbet

También se escribe Nekhebet o Nechbet.

La diosa coronada del Alto Egipto y patrona de los partos

Nekhbet solía ser representada como una mujer con un tocado de buitre y la corona blanca del Alto Egipto o como un buitre. Nekhbet, junto con su hermana, Wadjet (Uadjit, Utatchet o Buto), la diosa coronada del Bajo Egipto, formaban la entidad conocida como las Dos Damas de Egipto.

El Alto Egipto, la parte sur del país, más cercana al nacimiento del río Nilo, estaba simbolizado por el buitre. El Bajo Egipto, la parte norte del país que incluía la región del delta donde el Nilo desembocaba en el mar Mediterráneo, estaba simbolizado por el uraeus (cobra).

Cuando el Alto y el Bajo Egipto se unieron, estos símbolos formaban una corona compuesta que llevaban todos los gobernantes de Egipto a partir de entonces, y las Dos Damas a veces personificaban esta unión.

El título de Dos Damas se añadió a la lista de nombres reales durante la primera dinastía. Es posible que las Dos Damas estuvieran asociadas a las diosas hermanas Isis y Neftis, siendo Nekhbet una forma de Neftis y Wadjet una forma de Isis.

En muchas inscripciones se representa a las Dos Damas sentadas en cestas muy cerca del cartucho del rey. También se las representaba con un disco alado.

1. ¿Cuál ha sido su papel favorito de un dios femenino en la mitología egipcia?
2. ¿Qué diosa te gustaría que te representara si fueras egipcia?
3. ¿Cuáles son algunos de los mitos más conocidos sobre las deidades femeninas del antiguo Egipto?

Nephthys

Neftis no es sólo una diosa de la muerte, la decadencia y la oscuridad, sino también una maga con grandes poderes curativos

Neftis es la forma griega de Nebt-het o Nebhet, que significa "señora de la casa".

Era la hija de Re y Nut, la hermana-esposa del malvado dios Seth, y la hermana de Isis y Osiris. También era la madre de Anubis, el dios con cabeza de chacal de los embalsamamientos.

A Neftis se la suele representar como una mujer con un tocado de disco y un par de cuernos, de pie bajo el jeroglífico de su nombre.

A menudo aparece en el arte funerario con los brazos alados extendidos, de pie junto a su hermana Isis. En las colecciones de textos mortuorios tituladas Libro de los Muertos y Textos de las Pirámides, Neftis era representada como una diosa que ayuda y protege a los muertos en su paso por la Duat, o el inframundo.

Neftis era una diosa compleja. A veces se la asociaba con su marido-hermano Seth, pero a diferencia de éste tenía aspectos positivos y negativos, sobre todo su capacidad para curar a los enfermos. Más a menudo, se la emparejaba con su hermana más conocida, Isis.

Neftis era considerada el lado oscuro o negativo de Isis, como Seth era el lado oscuro de su hermano Osiris. Al igual que Isis, se creía que Neftis tenía un gran poder gracias a su conocimiento de las palabras sagradas y los hechizos mágicos. Conocía encantos que podían resucitar a los muertos y evitar que sufrieran daños.

A Neftis se la llamaba Señora de los Dioses, Señora de la Vida, Señora del Cielo, Señora de las Dos Tierras y Gran Diosa. También se la asociaba a veces con el dios de la fertilidad Min. Con toda probabilidad era una antigua diosa madre predinástica que más tarde se unió a Isis, Osiris, Seth y Horus en la genealogía del dios del sol Re.

Según el mito, Neftis no tuvo hijos con su marido-hermano Seth. Lo abandonó y sedujo a su otro hermano, Osiris, mediante engaños, a pesar de que éste estaba casado con su hermana, Isis. Neftis concibió así a su hijo, el dios con cabeza de chacal Anubis.

Más tarde, Seth asesinó y desmembró a Osiris. Neftis lloró por el dios perdido junto con Isis, y su amistad se restableció; debido a este mito, Neftis e Isis pasaron a ser conocidas como las Hermanas Lloronas. Neftis ayudó entonces a Isis a encontrar y reunir las partes del cuerpo de Osiris que estaban dispersas. Juntas prepararon el lecho funerario para él e hicieron la tela funeraria.

Neftis estaba asociada al ritual del entierro porque ella e Isis actuaban como guardianas de la cabeza y los pies del ataúd. En los Textos de las Pirámides se la representaba como amiga del difunto, y en el Libro de los Muertos estaba detrás de Osiris mientras se pesaba el corazón del muerto en la Gran Balanza. Neftis prometió proteger a los puros de corazón para siempre.

Preguntas de investigación

1. Si alguna de nosotras quisiera dedicarse a ser una diosa egipcia, ¿qué herramientas necesitaría y cómo lo haría?
2. ¿Hay otras influencias que puedan provenir de este dios femenino?
3. ¿Qué papel desempeñaban los dioses egipcios en la sociedad del antiguo Egipto?

Nut

La diosa del cielo, y consorte del dios de la tierra Geb, su hermano gemelo

Los griegos identificaban a Nut con la titán Rea, la madre de sus dioses.

Como diosa del cielo, Nut se tragó el sol por la tarde y lo volvió a parir por la mañana.

Nut solía ser representada como una mujer gigante y desnuda cuyo cuerpo, a veces tachonado de estrellas, abarcaba el cielo, mientras que sus piernas alargadas y sus brazos extendidos simbolizaban los cuatro pilares del firmamento. El dios del aire Shu la sostenía sobre Geb. El escarabajo, símbolo del sol de la mañana, aparecía a veces con ella.

También se representaba a Nut como una mujer con un jarrón de agua en la cabeza o con un tocado de cuernos y el disco solar. A menudo se la representaba con un anj, símbolo de la vida, y una varita de papiro.

Al igual que Hathor, Nut estaba asociada con la salida y la puesta del sol. Según una creencia, al atardecer el sol entraba en la boca de Nut y atravesaba su cuerpo para nacer de su vientre a la mañana siguiente. En un mito, Nut era la consorte del dios del sol Re, que se enfadó con Nut y Geb por tener relaciones sexuales entre ellos. Ordenó al dios del aire Shu que separara a los amantes.

El dios de la sabiduría, Thoth, se compadeció de Nut y Geb y creó cinco días adicionales en el calendario que no estaban sujetos a la maldición de Re. Según la mayoría de los mitos, durante este tiempo, Nut tuvo cuatro hijos: Osiris, Seth, Isis y Neftis. Los adoradores de Nut cultivaban su árbol sagrado, el sicómoro, en Heliópolis, antigua sede del culto al sol.

Preguntas de investigación

---

1. ¿Cree que en algún momento de la historia se habrían adorado más deidades femeninas si las mujeres hubieran desempeñado un papel igualitario en la sociedad?
2. ¿Qué opina de la teoría de que las deidades egipcias se basan en realidad en las vacas de Oriente Medio, y que su inusual éxito se debe en parte a la adhesión a un antiguo culto al ganado?
3. ¿Cuál de las diosas egipcias sería la mejor amiga en la década de 2020?

Renpit

Una diosa que personifica el paso del año y, en consecuencia, la medida del tiempo

El papel de Renpit estaba simbolizado por la planta de la palma, que produce nuevas hojas de forma regular y previsible. Renpit solía ser representada como una mujer que llevaba un brote de palmera en la cabeza o que portaba una en la mano, y estaba asociada con el dios Thoth y la diosa Ma'at.

Preguntas de investigación

1. ¿Las diferentes culturas (egipcia, griega, etc.) compartían mitos sobre las deidades femeninas o todas las culturas respetaban por igual el poder femenino (o la falta de él)?
2. ¿Qué es lo que más le gusta de esta diosa en particular?
3. ¿Por qué la gente reza a estas diosas?

Sekhmet

La diosa del fuego (o del sol) con cabeza de león, asociada a la guerra, la peste y las llamas

Sekhmet era la esposa de Ptah, el arquitecto cósmico, y la madre de Nefertem y I-em-hetep (también escrito Imhotep). Sekhmet, Ptah y Nefertem eran adorados como una tríada de dioses en la ciudad de Menfis.

Sekhmet solía ser representada como una mujer con cabeza de leona o totalmente como una leona. Sin embargo, en ocasiones se la representaba como una deidad masculina. Para simbolizar su papel de diosa del fuego, sus estatuas solían estar talladas en roca ígnea, como el basalto o el granito.

El carácter de Sekhmet incorporaba tanto los aspectos beneficiosos como los destructivos del fuego, y por extensión era una diosa que podía curar a los enfermos o propagar enfermedades. Como diosa de la guerra, era experta en infundir miedo a sus enemigos. En su aspecto benéfico, se fusionó con la diosa con cabeza de gato Bastet, que personificaba el poder fecundante del sol y protegía a los hombres de las enfermedades. La relación entre Sekhmet y Bastet podría haber sido un paralelo a la relación entre las diosas hermanas Neftis e Isis.

Sekhmet también se asociaba a menudo con la diosa de la fertilidad Hathor, con cabeza de vaca. Según un mito, el dios del sol Re ordenó a Hathor que destruyera a la humanidad por su desobediencia. Sekhmet la acompañó y, con su feroz calor destructivo, llegó a ser conocida como el Ojo de Re.

Su matanza conjunta fue tan severa y sangrienta que Re se arrepintió. Sólo pudo evitar que Hathor y Sekhmet mataran a los humanos restantes haciendo que Hathor y Sekhmet se emborracharan con cerveza teñida de ocre rojo, que bebieron porque creían que era sangre.

Se especuló que esta historia reflejaba algún antiguo ritual de sacrificio de sangre, pero nunca se descubrió ninguna prueba física de este tipo de práctica en el Egipto predinástico. Sekhmet compartía muchos aspectos comunes con la diosa hindú Kali y la antigua diosa de Oriente Medio Astarté.

Preguntas de investigación

1. Qué significa "Sekhmet" en el Antiguo Egipto, según algunos estudiosos de la antigüedad se traduce vagamente como "la que prevalece". Pero, ¿qué significa realmente?
2. ¿En la mitología de qué cultura no son comunes las deidades femeninas?
3. ¿Por qué crees que había tantas diosas en el antiguo Egipto, a pesar de que fueron discriminadas durante mucho tiempo?

Selket

También se escribe Selkit, Serqet, Selqet, Selquet y Selkis.

Una diosa con cabeza de escorpión, protectora del joven dios Horus y compañera devota de su madre, la diosa Isis

Selket también se asociaba a la protección de los muertos y sus entrañas. Selket suele representarse como una mujer con cabeza de escorpión o una cabeza humana coronada por un escorpión, y a veces como un escorpión con cabeza de mujer. Sus brazos son alados y a menudo están extendidos en un gesto de protección. Selket se representaba a menudo en las paredes de las tumbas.

El escorpión es conocido por su celo en el cuidado de sus crías, lo que puede explicar la asociación del joven Horus con esta diosa. Como el escorpión era sagrado para Isis, los egipcios creían que los adoradores de Isis nunca serían picados por un escorpión.

Preguntas de investigación

1. ¿Qué otras discusiones similares pueden ser influenciadas por este nuevo enfoque en los dioses femeninos a través de las culturas y religiones de varias formas de religión y regiones culturales alrededor del mundo?
2. ¿Dónde se puede encontrar más información sobre las deidades femeninas en el antiguo Egipto?
3. ¿Por qué cree que es importante estudiar estas deidades femeninas?

Tefnut

También se escribe Tefenet.

La diosa de la humedad y la lluvia

Tefnut era la hermana gemela y contraparte femenina del dios del aire Shu. Tefnut fue una deidad predinástica temprana y fue adorada como parte de un sistema de dioses en la antigua ciudad egipcia de Heliópolis.

A Tefnut se le suele representar como una mujer con cabeza de leona. En su cabeza llevaba el disco solar, la cobra (uraeus) o una combinación de ambos. Aunque estaba asociada a Shu y ambos eran los padres de la diosa del cielo Nut y del dios de la tierra Geb, Tefnut se representaba en el arte egipcio con mucha menos frecuencia que su gemelo Shu.

Según la genealogía de las deidades egipcias, Re, en su aspecto de Atum, creó a los gemelos Shu y Tefnut por sí mismo a partir de su semen o saliva; en otros relatos, los creó con la diosa de la fertilidad con cabeza de vaca Hathor. Como madre de Nut y Geb, Tefnut fue la abuela de cuatro importantes deidades de la mitología egipcia: Osiris, Isis, Seth y Neftis.

El papel de Tefnut en la mitología egipcia parecía algo contradictorio y puede haber representado la transformación de las lágrimas de dolor en la ira de la venganza. Se creía que su nombre significaba "la que escupe".

En su aspecto benéfico, era la diosa de la humedad, que ayudaba a su hermano-esposo a mantener a su hija Nut, la personificación del cielo.

Sin embargo, a veces se consideraba que Tefnut encarnaba el poder del propio sol, por lo que se la representaba como una feroz leona. Su aspecto más feroz se describe en un mito en el que la todopoderosa deidad del sol Re, su padre, decidió eliminar a la humanidad por su desobediencia, y ella vagó por el desierto con furia, cubierta de la sangre de sus enemigos humanos. En esta historia, Tefnut era el doble de la diosa del fuego con cabeza de león, Sekhmet.

Preguntas de investigación

---

4. ¿Son útiles los acontecimientos del Antiguo Egipto para la sociedad actual? ¿Qué cambiarías de la forma en que se trata a las mujeres en la actualidad?
5. ¿Qué piensa y opina sobre la situación de la mujer en la sociedad sobre Tefnut y otros dioses egipcios femeninos?
6. ¿Las vidas de estas antiguas deidades cuentan historias de su tiempo que deberíamos observar también hoy?

Dioses con formas masculinas y femeninas

Anubis

También llamado Anpu o Anup.

El dios de los embalsamamientos con cabeza de chacal que guiaba las almas de los muertos por el reino del inframundo de su padre, Osiris

Aunque el nombre del dios se traduce en los textos como Anubis, en realidad es la forma griega del nombre egipcio Anpu. Griegos y romanos continuaron con el culto al dios en la época clásica. En Roma se le dedicó un exvoto y los escritores latinos Plutarco y Apuleyo lo mencionan en sus obras.

Considerado benévolo y bueno, Anubis estaba presente en el inframundo (Duat) en el pesaje del alma del muerto y también estaba en casa en los reinos celestes de Re.

La madre de Anubis era la diosa Neftis. Neftis, Isis, Seth y Osiris eran hijos de la diosa del cielo Nut y del dios de la tierra Geb. Neftis estaba casada con su hermano Seth, e Isis con su hermano Osiris. En ocasiones se considera a Anubis como hijo de Seth, pero en el mito más extendido, Neftis dejó a Seth y sedujo al marido de su hermana, Osiris. Concibió a Anubis, pero cuando éste nació, lo abandonó en el desierto. Isis encontró a Anubis con la ayuda de unos perros y lo crió.

Cuando Anubis creció, custodió fielmente a su madre adoptiva, y acompañó a Isis y Osiris siempre que viajaron por el mundo. Cuando Seth asesinó y desmembró a su hermano Osiris, las hermanas Isis y Neftis, ahora reconciliadas, buscaron su cuerpo, y Anubis las ayudó y consoló. Cuando encontraron todos los trozos del cuerpo de Osiris, fue Anubis quien inventó el arte del embalsamamiento y la momificación para que su padre pudiera volver a vivir y reinar en el mundo de los muertos.

Anubis suele ser representado como un hombre con cabeza de chacal o de perro, pero a veces también se le muestra con cuerpo de chacal o de perro. A veces se le representa con un lado de la cara blanco o dorado y el otro negro para simbolizar su posición tanto en el reino celestial como en el inframundo.

Como dios del embalsamamiento, el espíritu guía de Anubis estaba presente durante la momificación del cadáver para que fuera un receptáculo adecuado para el espíritu reencarnado. Otro deber de Anubis se llevaba a cabo durante el pesaje del corazón del muerto; era función de Anubis observar cuidadosamente el procedimiento para asegurarse de que se realizaba correctamente.

Si, según la Gran Balanza, la persona no era pura y honesta y no estaba libre de pecado, Anubis tomaba el corazón de la balanza y lo arrojaba a la bestia Ammit, que lo devoraba, destruyendo a la persona para siempre. Si, por el contrario, la balanza mostraba que el difunto estaba libre de pecado, el alma podía pasar a la vida eterna.

Se han sugerido varias razones por las que un chacal o un perro llegó a desempeñar un papel importante en la muerte y el embalsamamiento. El chacal es un animal nocturno, que se alimenta de carroña, y quizás en una fecha temprana fue divinizado como medio para suplicarle que no devorara los cuerpos de los muertos.

Como guía a través del inframundo, el perro tendría excelentes instintos de búsqueda y podría guiar fielmente al alma a través de sus peligros. En el antiguo Egipto se sabe que los perros semidomesticados merodeaban por los cementerios durante la noche y puede que también se utilizaran a propósito como guardianes de las tumbas.

Anubis contaba con la ayuda de otro dios con cabeza de perro o chacal, Wepwawet (también deletreado Upuat o Upuaut, que significa "abridor de caminos"), que también era representado como ayudante y guía de los muertos. Wepwawet fue probablemente un dios funerario primitivo cuya función era similar a la de Anubis; a veces Wepwawet se considera otra forma de Anubis.

El culto a Anubis era muy antiguo, probablemente incluso más que el de Osiris. Anubis era la deidad local de Abydos y también era adorado en Licópolis, Abt y otras ciudades.

Preguntas de investigación

---

1. ¿Cómo se relacionaba Anubis con el inframundo?
2. ¿Las vidas de estas antiguas deidades cuentan historias de su tiempo que deberíamos observar también hoy?
3. ¿Cuál es su mito favorito sobre los dioses egipcios?

Nun

También se escribe Nu.

El caos acuático primordial del que se creó el universo

Nun dio lugar a Atum (Re-Atum), que engendró a todos los dioses y diosas.

Nun se personificaba como un varón humano con cetro, como un varón humano con cabeza de rana coronada por un escarabajo o como un varón humano con cabeza de serpiente.

Originalmente, la diosa Nut era su contraparte femenina. En los primeros tiempos, los egipcios creían que Nun era la masa acuática ilimitada de la que se había creado todo lo existente; en épocas posteriores, el océano y el río Nilo también se identificaban a veces con Nun.

Los jeroglíficos que representan a Nun consistían en tres vasos de agua, que representaban el signo del cielo extendido, el determinante del agua y el signo del dios. Juntos indicaban que Nun era el dios de una masa acuosa del cielo.

1. ¿Cuál es el dios egipcio del que te gustaría ser amigo si tuvieras la oportunidad?
2. ¿Ha aparecido alguna vez alguno de los dioses egipcios en uno de tus sueños?
3. ¿Has visto alguna vez una película de dioses egipcios?

Deidades menores (masculino)

Apopis

También se escribe Apep, Apop, Apophis o Aapef.

Una serpiente gigante, el principal demonio de la noche y el principal enemigo del dios del sol Re

Apofis es el nombre griego del egipcio Apopis.

El nombre de Apopis significa "el Vagabundo". Apopis era una forma del malvado dios de la oscuridad, Seth, hermano de Osiris, dios del inframundo (Duat). Cada noche, Re, ayudado por Osiris, el hijo de Osiris, Horus, y otros dioses y diosas, tenía que luchar contra la serpiente y destruirla. Sólo después de esta batalla entre las fuerzas del bien y del mal, la luz y las tinieblas, podía volver a salir el sol.

Apopis puede haber sido un dios de la tormenta en tiempos predinásticos. En la época del Reino Antiguo se convirtió en el señor de los poderes de las tinieblas y en el enemigo de los muertos que deseaban disfrutar de la vida eterna, ya que se creía que los muertos sólo podían volver a la vida si Apopis era derrotado.

Originalmente, según el mito, Apopis nació de la oscuridad que envolvía el caos primigenio de Nun. El dios Thot ideó un poderoso hechizo para evitar que Apopis obstaculizara la salida del sol, y Re pudo matar a Apopis al pie del sicómoro de Heliópolis que era sagrado para la diosa Nut. Apopis se convirtió en la personificación de la hora más oscura antes del amanecer.

Los egipcios creían que, al final de cada día, el dios del sol Re debía atravesar el reino del inframundo, llamado Duat. Lo hacía en una barca, y uno de los reinos de la Duat que tenía que atravesar era el dominio de su antiguo enemigo Apopis. Apopis y un ejército de demonios harían todo lo posible para obstruir el paso de la barca de Re.

Así, los egipcios creían que el sol no salía simplemente en el cielo; sólo podía hacerlo tras una lucha sin cuartel con las fuerzas de la oscuridad en la que éstas eran derrotadas de forma decisiva. Re y sus compañeros lograban matar a la serpiente para que el sol pudiera salir; sin embargo, a la noche siguiente Apopis volvía a estar vivo y tan amenazante como la noche anterior.

Durante la batalla, Re y los demás dioses tendrían que destruir por completo a Apopis y a una serie de monstruos menores, incluidos los dos ayudantes de Apopis, Sebau y Nak. Tendrían que alancearlo, acuchillarlo con cuchillos, romperle todos los huesos, cortarlo en pedazos y asar cada uno de los pedazos hasta convertirlo en cenizas antes de que fuera realmente derrotado.

La batalla contra Apopis se menciona con frecuencia en la colección de textos mortuorios titulada Libro de los Muertos. Otro texto ritual, el Libro del derrocamiento de Apopis, contiene numerosas maldiciones y amenazas detalladas contra el monstruo. Estas maldiciones eran recitadas en voz alta a determinadas horas del día por los sacerdotes del templo de Amón-Re en Tebas, en la creencia de que pronunciarlas ayudaba a Re en su batalla. Los sacerdotes hacían que una figura de Apopis fuera elaborada en cera, con su nombre inscrito en tinta verde.

También tenían figuras de los ayudantes de Apopis envueltas en papiro. Cada día, durante sus recitaciones, los sacerdotes alanceaban, acuchillaban, cortaban y quemaban las figuras de Apopis y de los otros monstruos en una ceremonia para ayudar a la victoria de Re.

1. ¿Crees en el poder de los dioses egipcios?
2. Con tantos dioses egipcios a los que adorar, ¿cuál es su favorito y por qué?
3. ¿Hay alguna historia sobre un dios o diosa egipcia que crees que podrías explorar para la clase?

Apis

El más famoso de los toros sagrados de Egipto, considerado la encarnación del dios Ptah y adorado como un dios en el templo de Ptah en la antigua ciudad de Menfis

El culto a un determinado toro vivo elegido como dios encarnado se remonta a la I dinastía, pero se hizo especialmente popular durante el reinado de los faraones ramésidas (c. 1292-1075 a.C.), y el animal era consultado como oráculo.

Tras la muerte del toro Apis, se le asoció con el dios de los muertos, Osiris, y en una etapa tardía de la religión egipcia, durante el periodo ptolemaico, el toro Apis se fusionó con el dios Osiris y fue adorado como Ausar-Apis (Osorapis) o Serapis.

El dios Ptah era el creador de todas las formas, el arquitecto divino, y se creía que la virilidad y la destreza sexual del dios se encarnaban específicamente en el toro. El toro Apis vivía con gran esplendor en un templo palacio construido específicamente para albergarlo, justo al sur del templo de Ptah en Menfis. Allí disponía de finas camas de lino para tumbarse y sólo se le servía comida y bebida especiales.

Ptah podía elegir las mejores vacas para aparearse. La madre del toro sagrado también recibía apartamentos propios en el palacio del toro. Por lo general, el toro sagrado era atendido sólo por sus sacerdotes, pero ocasionalmente se le sacaba para hacer apariciones públicas y procesiones, y su cumpleaños se celebraba con una fiesta de siete días.

Los faraones de Egipto donaban grandes sumas para el mantenimiento del toro Apis. Además, el comportamiento del toro se consideraba profético, y muchas personas acudían a consultarlo como oráculo, anotando sus acciones en su presencia como favorables o desfavorables.

La gente también podía dormir en ciertas habitaciones del palacio del toro y hacer que sus sueños fueran interpretados después. Se hacían sacrificios al toro en forma de bueyes que se decapitaban y se rezaban.

Alejandro Magno y el emperador romano Tito fueron algunos de los que se sabe que presentaron ofrendas al toro sagrado.

Los relatos difieren sobre el destino del toro Apis. O bien se sacrificaba al toro cuando cumplía 25 años, o bien se le dejaba vivir su vida natural. Pero después de la muerte, el toro siempre era embalsamado y momificado con la misma solemnidad que si se tratara de un faraón, y era cuidadosamente enterrado en un gran ritual funerario en el Serapeum (un antiguo templo) de la ciudad de Saqqarah.

El Serapeum se convirtió en un lugar de peregrinación no sólo para los egipcios, sino también, en la época clásica, para griegos y romanos.

Consistía en un laberinto de catacumbas excavadas en la roca caliza subterránea, con capillas erigidas para los fieles. En 1851 los arqueólogos desenterraron 64 toros momificados en este lugar de enterramiento, cada uno en su propio y enorme sarcófago de granito.

Después de que el toro Apis fuera enterrado comenzó un tiempo de luto, durante el cual se llevó a cabo una gran búsqueda por todo Egipto de su sucesor. Creían que este dios toro encarnado se reconocería por 29 marcas físicas distintivas y una coloración negra intensa con manchas blancas, incluida una marca específica en su frente (descrita de forma variada como un cuadrado, un triángulo o una forma de media luna).

Cuando se encontraba un ternero de este tipo, era alimentado por los sacerdotes durante 40 días y luego se le colocaba en una cabina de oro en una barcaza especial para transportarlo por el río Nilo hasta su palacio en

Menfis. En la ciudad de Heliópolis se veneraba de forma similar a otro toro sagrado.

Preguntas de investigación

1. Si uno de los dioses bajara a la Tierra, ¿quién te gustaría que fuera y por qué?
2. ¿De qué deidad egipcia podrías haber sido adorador?
3. ¿Crees que los egipcios tenían demasiados dioses diferentes?

Bes

Un dios enano benévolo asociado con el parto, y con la música y la danza, la jovialidad, la alegría y el placer

Bes era representado con las piernas arqueadas y un gran estómago, y a veces llevaba una tiara de plumas y un traje de piel de pantera. Mientras que la mayoría de los dioses y diosas egipcios se mostraban de perfil, Bes suele aparecer de frente, con el rostro en una mueca y la lengua fuera. Su figura se esculpía a menudo en los mangos de los espejos y los recipientes de cosmética.

Bes era conocido desde los tiempos del Reino Antiguo. En el Reino Nuevo, los relieves de Dier-al-Bahri muestran al dios asistiendo al nacimiento de la reina Hatshepsut. Se le representa en las casas natales de los templos y se le muestra proporcionando diversión y compañía a los faraones cuando eran niños.

Bes se asoció con el dios-niño Horus. Como guardián de los niños reales, se convirtió en el enemigo de las serpientes, y se le muestra matándolas estrangulándolas y mordiéndolas hasta la muerte.

Cuando estaba en el inframundo (Duat), Bes se volvía más siniestro y belicoso, pero su misión seguía siendo hacer la guerra a las fuerzas de la oscuridad y luchar por los que estaban bajo su protección. En la cultura dinástica tardía, la figura de Bes, a menudo itifálica, se convertía en amuletos como forma de magia protectora. En la época clásica, su oráculo era consultado en Abydos.

Preguntas de investigación

---

1. ¿Cuál es una cualidad buena o mala de un dios/diosa egipcio para los humanos?
2. Si usted fuera la reencarnación de un dios egipcio, ¿cuál sería?
3. ¿Ha visitado alguna vez Egipto, o un templo o museo egipcio?

Min

También llamado Amsu.

Dios de la fertilidad, la generación, la lluvia, las buenas cosechas y la virilidad

Los griegos identificaban a Min con su dios Pan.

Min también puede haber sido adorado como dios de los viajeros y de los caminos. Se le asoció con Horus como Min-Horus y en épocas posteriores se le identificó con Amón-Re. El centro de su culto estaba en Coptos y Panópolis, en el Bajo Egipto, pero su culto estaba muy extendido.

Min era también un dios de los cazadores y los nómadas de toda la región desértica oriental. Los jefes de las caravanas le rezaban antes de emprender la marcha por el desierto. Se han encontrado estatuas de Min decoradas con conchas y peces espada; sugieren que se originó como un dios marítimo traído a Egipto por la gente que viajaba a través del desierto oriental.

Min solía ser representado como un hombre con un falo erecto, que sostenía un látigo en su mano derecha. Llevaba un tocado de dos penachos con una serpentina en la espalda. Sus fiestas solían celebrarse al principio de la temporada de cosecha.

La primera gavilla cortada de la cosecha le fue ofrecida en agradecimiento ritual por el propio rey.

Preguntas de investigación

1. ¿Por qué crees que tantos faraones fueron enterrados junto a gatos, perros y monos para la eternidad?
2. ¿Puede nombrar alguna otra pirámide, además de las de Giza, que esté en una meseta desértica?
3. ¿Cómo cree que nos compararíamos con el Antiguo Egipto si aún existiera en la actualidad?

Serapis

También se escribe Sarapis, Ausar-Apis u Osorapis.

Deidad compuesta que reunía los atributos de Osiris, dios del Duat (inframundo), y del toro Apis adorado en la ciudad de Menfis

A menudo se representaba a Serapis como un hombre con cabeza de toro, que llevaba el disco solar y la cobra (uraeus) entre los cuernos, y sostenía símbolos de Osiris en las manos. A veces se le mostraba como un hombre con barba y pelo rizado, con una cesta en la cabeza.

El toro Apis era considerado, mientras vivía, la encarnación del dios Ptah, el arquitecto divino, y era adorado como oráculo. Sin embargo, tras su muerte, el toro se consideraba aún más poderoso, ya que los atributos de Ptah se fusionaban con la encarnación de Osiris.

El toro de Serapis era enterrado con un ritual solemne en el Sarapeum (un antiguo templo) cerca de Saqqarah. Los peregrinos viajaban al Sarapeum y rezaban por los favores del dios en capillas que contenían estatuas y estelas (losas o pilares de piedra con inscripciones) dedicadas a Serapis. El dios tenía una especial reputación por sus curaciones milagrosas. En 1851 se excavaron 64 toros momificados en el yacimiento de Saqqarah.

Serapis fue un desarrollo tardío en la teología egipcia. Serapis se convirtió en el dios del estado durante la época de los Ptolomeos, y algunos estudiosos creen que el propio culto se fundó deliberadamente durante el reinado de Ptolomeo I Soter (323-285 a.C.) para proporcionar un marco religioso común tanto a los egipcios como a los griegos que se habían establecido en Egipto. De hecho, Serapis era el nombre griego del dios, cuyo nombre en egipcio era un compuesto de Osiris y Apis.

El culto a Serapis era muy popular en Alejandría, la capital de los Ptolomeos, donde el templo-torre dedicado a Serapis tenía unos cimientos de 100 escalones y fue descrito por los autores antiguos como una de las mayores estructuras de la antigüedad.

Serapis también era una deidad popular en Grecia. En Roma, donde Isis y Horus eran deidades egipcias populares trasplantadas, Serapis llegó a ser considerado como la contraparte masculina de Isis.

Aunque el culto a Serapis estaba muy extendido entre todas las clases sociales del Imperio Romano, extendiéndose hasta el norte de York en Gran Bretaña, nunca fue central en la religión egipcia fuera de la región del delta del río Nilo.

Preguntas de investigación

---

1. ¿Cuánto tienen en común los dioses egipcios con sus homólogos griegos o romanos?
2. Si pudiera cambiar lo que los egipcios creen sobre un determinado dios, ¿cuál sería y por qué?
3. ¿Qué deidades menores le ha gustado conocer mejor?

Deidades menores (femeninas)

Ammit

Una bestia asociada al tiempo del juicio

Representada en textos funerarios como el Libro de los Muertos, Ammit es una criatura femenina compuesta con cabeza de cocodrilo, patas delanteras de león y cuartos traseros de hipopótamo. Las almas cuyos corazones no se equilibraban en la balanza de la verdad eran devoradas por esta bestia, y así esa persona era consignada al olvido.

En la Sala del Juicio, Ammit, el "comedor de muertos" o "el devorador", esperaba impaciente a los pies del dios escriba Thoth, mientras el corazón del muerto era pesado en un platillo de la Gran Balanza. El otro platillo contenía una pluma de avestruz, la pluma de Maat (la verdad). Si los actos del muerto eran puros, reverentes y honestos, el corazón y la pluma se equilibraban.

En tal caso, Thoth registraba que la persona debía ser perdonada y convertirse en uno de los muertos benditos. El muerto sería entonces conducido a la presencia del dios del inframundo, Osiris, que había resucitado él mismo de entre los muertos, y como él viviría para siempre.

Sin embargo, si la balanza se inclinaba y el corazón pesaba más que la pluma, se demostraba que la persona no era digna de la vida eterna. En este caso, el dios funerario Anubis, con cabeza de chacal, arrojaba el corazón a Ammit. Ella lo devoraba con avidez y la persona perecía para siempre.

1. Si alguna vez quiere probar algo de la historia y la cultura egipcias, ¿qué podría hacer?
2. ¿Cuál es su ciudad favorita de Egipto?
3. ¿Cuáles son algunos de los dioses/diosas egipcios más divertidos para conocer?

Seshat

También se escribe Sesat, Sefekht o Seshet.

La diosa de la historia, la literatura, la medición y el registro

Seshat era la contraparte femenina de Toth, dios patrono de la sabiduría. Seshat solía ser representada como una mujer vestida con la piel de una pantera, con una flor de siete pétalos en la cabeza, portando una paleta y una pluma de caña, elementos que simbolizaban su función de registradora de los acontecimientos históricos.

Preguntas de investigación

---

1. ¿Podría alguno de estos dioses tener una identidad secreta que nadie conoce salvo ellos y sus sacerdotes ritualistas?
2. ¿Cuándo comenzó y terminó el reinado de los dioses egipcios?
3. ¿Cuántos templos se dedicaron a estos dioses a lo largo de la historia de Egipto?

Taurt

También llamado Taweret, Thoueris, Opet o Apet.

La diosa hipopótamo asociada al parto y la maternidad

En su calidad de diosa de la creación, era venerada en la ciudad de Karnak. Taurt, como Apet, era la personificación del antiguo asentamiento Apt, del que derivó el nombre de Tebas.

Taurt solía ser representada como un hipopótamo femenino de pie, con grandes y colgantes pechos humanos, con el pie izquierdo apoyado en una sa, símbolo de protección para los viajeros del río. Se la consideraba una forma de la diosa de la fertilidad Hathor.

Preguntas de investigación

---

1. ¿Qué es lo que le gustaría saber más sobre un dios egipcio?
2. ¿Quién es Taurt y por qué es importante incluirla en los textos antiguos?
3. ¿Cuáles de estos dioses y diosas clásicos aprendiste en la escuela?

Otros

Akhenaton

En el siglo XIV a.C., el faraón egipcio Amenhotep IV emprendió una reforma religiosa al intentar desplazar a todas las deidades tradicionales por el dios del sol Atón (también deletreado como Aten). En honor al dios, el faraón cambió su nombre por el de Akhenaton (también escrito Ikhnaton), que significa "beneficioso para Atón". Akhenaton gobernó de 1353 a 1336 a.C.

Su reina fue Nefertiti, una de las mujeres más famosas de la historia de Egipto. Unos años después de su muerte, el niño-rey Tutankamón, cuyo descubrimiento de la tumba en 1922 fue una sensación arqueológica, se convirtió en gobernante.

La reforma de Akenatón fue considerada por algunos como uno de los primeros intentos de imponer el monoteísmo, la creencia en un solo dios, aunque la religión de Atón puede describirse mejor como la adoración de un dios con preferencia a todos los demás. En un momento dado, Akhenaton inició un programa para borrar el nombre y la imagen del dios tebano, Amón, de todos los monumentos. Para imponer sus puntos de vista, Akenatón trasladó la capital del país desde Tebas a un lugar situado a 200 millas (300 kilómetros) al norte, al que llamó Akhetaton (ahora llamado Tell el-Amarna).

Su intención principal era construir una ciudad dedicada al culto de Atón separada de los cultos ya establecidos. Aun así, el monoteísmo no era completo, ya que en las casas particulares se han encontrado numerosas estatuillas de deidades domésticas, y en algunas capillas privadas se han encontrado estelas dedicadas a deidades tradicionales, como Isis y Tausret.

Las reformas de Ajenatón, y el renacimiento artístico y literario que las acompañó, no sobrevivieron mucho tiempo. Se dedicó tanto tiempo a la religión que el poderoso imperio egipcio comenzó a desintegrarse.

Esto, combinado con la oposición de los sacerdotes de los dioses desplazados, contribuyó a socavar la nueva religión. Tras la muerte de Ajenatón, la capital se trasladó de nuevo a Tebas y los antiguos dioses, que nunca fueron rechazados del todo por la población en general, fueron restaurados.

Preguntas de investigación

1. ¿Funcionó al final para los adoradores de Akhenaton?
2. ¿Existe una situación comparable con alguna religión moderna que usted conozca?
3. ¿Cómo afectaron estos cambios al pueblo de Egipto en cuanto a la forma de adorar y realizar rituales a sus dioses?

Tu regalo

Tienes un libro en tus manos.

No es un libro cualquiera, es un libro de Student Press Books. Escribimos sobre héroes negros, mujeres empoderadas, mitología, filosofía, historia y otros temas interesantes.

Ya que has comprado un libro, queremos que tengas otro gratis.

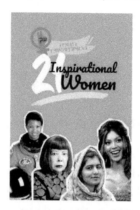

Todo lo que necesita es una dirección de correo electrónico y la posibilidad de suscribirse a nuestro boletín (lo que significa que puede darse de baja en cualquier momento).

¿A qué espera? Suscríbase hoy mismo y reclame su libro gratuito al instante. Todo lo que tiene que hacer es visitar el siguiente enlace e introducir su dirección de correo electrónico. Se le enviará el enlace para descargar la versión en PDF del libro inmediatamente para que pueda leerlo sin conexión en cualquier momento.

Y no te preocupes: no hay trampas ni cargos ocultos; sólo un regalo a la vieja usanza por parte de Student Press Books.

Visite este enlace ahora mismo y suscríbase para recibir un ejemplar gratuito de uno de nuestros libros.

Link: https://campsite.bio/studentpressbooks

Libros

Nuestros libros están disponibles en las principales librerías online.
Descubra los paquetes digitales de nuestros libros aquí:
https://payhip.com/studentPressBooksES

La serie de libros sobre la historia de la raza negra.

Bienvenido a la serie de libros sobre la historia de la raza negra. Conozca los modelos de conducta de los negros con estas inspiradoras biografías de pioneros de América, África y Europa. Todos sabemos que la Historia de la raza negra es importante, pero puede ser difícil encontrar buenos recursos.

Muchos de nosotros estamos familiarizados con los sospechosos habituales de la cultura popular y los libros de historia, pero estos libros también presentan a héroes y heroínas afroamericanas menos conocidos de todo el mundo cuyas historias merecen ser contadas. Estos libros de biografías te ayudarán a comprender mejor cómo el sufrimiento y las acciones de las personas han dado forma a sus países y comunidades marcando a las futuras generaciones.

Títulos disponibles:

1. 21 líderes afroamericanos inspiradores: Las vidas de grandes triunfadores del siglo XX: Martin Luther King Jr., Malcolm X, Bob Marley y otras personalidades

2. 21 heroínas afroamericanas extraordinarias: Relatos sobre las mujeres de raza negra más relevantes del siglo XX: Daisy Bates, Maya Angelou y otras personalidades

La serie de libros "Empoderamiento femenino".

Bienvenido a la serie de libros Empoderamiento femenino. Descubre los intrépidos modelos femeninos de los tiempos modernos con estas inspiradoras biografías de pioneras de todo el mundo. El empoderamiento femenino es un tema importante que merece más atención de la que recibe. Durante siglos se ha dicho a las mujeres que su lugar está en el hogar, pero esto nunca ha sido cierto para todas las mujeres o incluso para la mayoría de ellas.

Las mujeres siguen estando poco representadas en los libros de historia, y las que llegan a los libros de texto suelen quedar relegadas a unas pocas páginas. Sin embargo, la historia está llena de relatos de mujeres fuertes, inteligentes e independientes que superaron obstáculos y cambiaron el curso de la historia simplemente porque querían vivir su propia vida.

Estos libros biográficos te inspirarán a la vez que te enseñarán valiosas lecciones sobre la perseverancia y la superación de la adversidad. Aprende de estos ejemplos que todo es posible si te esfuerzas lo suficiente.

Títulos disponibles:

1. 21 mujeres sorprendentes: Las vidas de las intrépidas que rompieron barreras y lucharon por la libertad: Angela Davis, Marie Curie, Jane Goodall y otros personajes
2. 21 mujeres inspiradoras: La vida de mujeres valientes e influyentes del siglo XX: Kamala Harris, Madre Teresa y otras personalidades
3. 21 mujeres increíbles: Las inspiradoras vidas de las mujeres artistas del siglo XX: Madonna, Yayoi Kusama y otras personalidades
4. 21 mujeres increíbles: La influyente vida de las valientes mujeres científicas del siglo XX

La serie de libros de Líderes Mundiales.

Bienvenido a la serie de libros de Líderes Mundiales. Descubre los modelos reales y presidenciales del Reino Unido, Estados Unidos y otros países. Con estas biografías inspiradoras de la realeza, los presidentes y los jefes de Estado, conocerás a los valientes que se atrevieron a liderar, incluyendo sus citas, fotos y datos poco comunes.

La gente está fascinada por la historia y la política y por aquellos que la moldearon. Estos libros ofrecen nuevas perspectivas sobre la vida de personajes notables. Esta serie es perfecta para cualquier persona que quiera aprender más sobre los grandes líderes de nuestro mundo; jóvenes lectores ambiciosos y adultos a los que les gusta leer sobre personajes interesante.

Títulos disponibles:

1. Los 11 miembros de la familia real británica : La biografía de la Casa de Windsor: La reina Isabel II y el príncipe Felipe, Harry y Meghan y más
2. Los 46 presidentes de América : Sus historias, logros y legados: De George Washington a Joe Biden
3. Los 46 presidentes de América: Sus historias, logros y legados - Edición ampliada

La serie de libros de Mitología Cautivadora.

Bienvenido a la serie de libros de Mitología Cautivadora. Descubre los dioses y diosas de Egipto y Grecia, las deidades nórdicas y otras criaturas mitológicas.

¿Quiénes son estos antiguos dioses y diosas? ¿Qué sabemos de ellos? ¿Quiénes eran realmente? ¿Por qué se les rendía culto en la antigüedad y de dónde procedían estos dioses?

Estos libros presentan nuevas perspectivas sobre los dioses antiguos que inspirarán a los lectores a considerar su lugar en la sociedad y a aprender sobre la historia. Estos libros de mitología también examinan temas que influyeron en ella, como la religión, la literatura y el arte, a través de un formato atractivo con fotos o ilustraciones llamativas.

Títulos disponibles:

1. El antiguo Egipto: Guía de los misteriosos dioses y diosas egipcios: Amón-Ra, Osiris, Anubis, Horus y más

2. La antigua Grecia: Guía de los dioses, diosas, deidades, titanes y héroes griegos clásicos: Zeus, Poseidón, Apolo y otros
3. Antiguos cuentos nórdicos: Descubriendo a los dioses, diosas y gigantes de los vikingos: Odín, Loki, Thor, Freya y más

La serie de libros de Teoría Simple.

Bienvenido a la serie de libros de Teoría Simple. Descubre la filosofía, las ideas de los antiguos filósofos y otras teorías interesantes. Estos libros presentan las biografías e ideas de los filósofos más comunes de lugares como la antigua Grecia y China.

La filosofía es un tema complejo, y mucha gente tiene dificultades para entender incluso lo más básico. Estos libros están diseñados para ayudarte a aprender más sobre la filosofía y son únicos por su enfoque sencillo. Nunca ha sido tan fácil ni tan divertido comprender mejor la filosofía como con estos libros. Además, cada libro también incluye preguntas para que puedas profundizar en tus propios pensamientos y opiniones.

Títulos disponibles:

1. Filosofía griega: Vidas e ideales de los filósofos de la antigua Grecia: Sócrates, Platón, Protágoras y otros
2. Ética y Moral: Filosofía moral, bioética, retos médicos y otras ideas éticas

La serie de libros Empoderamiento para jóvenes empresarios.

Bienvenido a la serie de libros Empoderamiento para jóvenes empresarios. Nunca es demasiado pronto para que los jóvenes ambiciosos comiencen su carrera. Tanto si eres una persona con mentalidad empresarial que intentas construir tu propio imperio, como si eres un aspirante a empresario que comienza el largo y sinuoso camino, estos libros te inspirarán con las historias de empresarios de éxito.

Conoce sus vidas y sus fracasos y éxitos. Toma el control de tu vida en lugar de simplemente vivirla.

Títulos disponibles:

1. 21 empresarios de éxito: Las vidas de importantes personalidades exitosas del siglo XX: Elon Musk, Steve Jobs y otros
2. 21 emprendedores revolucionarios: La vida de increíbles personalidades del siglo XIX: Henry Ford, Thomas Edison y otros

La serie de libros de Historia fácil.

Bienvenido a la serie de libros de Historia fácil. Explora varios temas históricos desde la edad de piedra hasta los tiempos modernos, además de las ideas y personas influyentes que vivieron a lo largo de los tiempos.

Estos libros son una forma estupenda de entusiasmarse con la historia. Los libros de texto, áridos y aburridos, suelen desanimar a la gente, pero las historias de personas corrientes que marcaron un punto de inflexión en la historia mundial, son muy atrayentes. Estos libros te dan esa oportunidad a la vez que te enseñan información histórica importante.

Títulos disponibles:

1. La Primera Guerra Mundial, sus grandes batallas y las personalidades y fuerzas implicadas
2. La Segunda Guerra Mundial: La historia de la Segunda Guerra Mundial, Hitler, Mussolini, Churchill y otros protagonistas implicados
3. El Holocausto: Los nazis, el auge del antisemitismo, la Noche de los cristales rotos y los campos de concentración de Auschwitz y Bergen-Belsen
4. La Revolución Francesa: El Antiguo Régimen, Napoleón Bonaparte y las guerras revolucionarias francesas, napoleónicas y de la Vendée

Nuestros libros están disponibles en las principales librerías online. Descubra los paquetes digitales de nuestros libros aquí: https://payhip.com/studentPressBooksES

Conclusión

Esperamos que hayas disfrutado leyendo sobre los misteriosos dioses y diosas egipcios. ¿Hemos cubierto todo lo que querías saber sobre el mundo antiguo? Si no es así, no te preocupes. Tenemos otros libros sobre mitología que seguro que responden a cualquier pregunta o curiosidad que te haya quedado en el tintero.

Echemos un rápido vistazo a algunos de los hechos más interesantes e inusuales que hemos aprendido sobre estos dioses.

Por ejemplo, ¿Sabías que los dioses egipcios se representan a menudo con cabezas de animales? Puedes volver a leer todo sobre ellos en este libro.

Esperamos que este libro te haya servido para apreciar la mitología egipcia y para adquirir nuevos conocimientos que podrás compartir con tus amigos. ¡Vuelve a leerlo algún día!

¿Has leído esta lectura educativa? ¿Qué te ha parecido? ¡Háznoslo saber con una bonita reseña del libro!

Nos encantaría, así que no te olvides de escribir una.